ROBERT LOUIS STEVENSON ET CRUELLA

ROBERT LOUIS STEVENSON ET CRUELLA

LOUISE ESCAMPE

FSC
www.fsc.org
MIXTE
Papier issu
de sources
responsables
Paper from
responsible sources
FSC® C105338

A Robert Louis Stevenson et
Natacha W....

LA SERRURE ET LA CLEF

Aussi loin que je puisse me souvenir, la serrure et la clef ont toujours trôné sur le buffet en merisier de la salle à manger chez mes grands-parents. Mon arrière-grand-père Louis, l'a ramenée à la fin de la première guerre mondiale, lourde, volumineuse, très ancienne et finement travaillée.
Je me suis toujours demandé, pourquoi l'avait-il rapportée ?
Pour quelle raison avait-il choisi de s'encombrer d'un tel poids?

Pendant un demi-siècle, il l'a conservée et j'ai toujours considéré sa présence comme un véritable mystère.
Elle ressemble à une serrure de château et sa clef a toujours été présentée, insérée dans le trou. Louis était très bricoleur, mais il n'a jamais décidé de la monter sur une porte, ne l'a pas vendue non plus car l'argent ne l'intéressait pas. Alors, pourquoi l'avoir portée pendant des mois et ramenée dans notre famille à l'âge de 24 ans ?

Peu de temps avant la disparition de ma grand-mère, un cousin vénal s'en est emparée. Il a très certainement pensé que cet objet avait une valeur pécuniaire et a dû en tirer un bon prix, malheureusement pour lui, il est passé à côté du trésor, avec son mode de pensée arachnéen, il n'a rien compris et n'a pensé qu'à lui.

C'est seulement récemment que j'ai réalisé pourquoi mon arrière-grand-père avait été attiré inconsciemment par cette magnifique serrure et sa clef en acier. Alors je me suis intéressée à la symbolique de la clef : elle ouvre à la compréhension, dévoile un mystère, évoque la voie initiatique.

Elle peut ouvrir le chemin de la connaissance, des recherches, une vie nouvelle aussi… La clef évoque également une certaine magie.

Même si elle n'est plus là aujourd'hui, je la vois encore grande, très ancienne avec des formes qui évoquent le feuillage et la nature. Elle avait dû être façonnée par un maître ferronnier du 19e siècle.

Cette clef mystérieuse m'a permis de découvrir une vérité bien cachée. En effet, ce morceau d'acier à la fois matériel et subtil, céleste et spirituel, m'a ouvert les portes du Bonheur, de la Vérité, la Liberté et de l'Amour.

En découvrant un secret de famille caché depuis la nuit des temps, j'ai percé un mystère de l'humanité.

Louis m'avait transmis sa connaissance et sa force pour avoir survécu à " la perversité narcissique ", c'est donc grâce à lui que j'ai compris qui je suis, d'où je viens et où je vis.
Ayant presque atteint le demi-siècle, mon intuition fonctionne à son maximum et c'est certainement pour cette raison que j'ai découvert le secret qui a inspiré Robert Louis Stevenson pour écrire DR JEKYLL et MR HYDE.

Pour comprendre la vie de R.L Stevenson, l'un des plus célèbres auteurs écossais, il faut avoir survécu à la violence perverse, connaître ses mécanismes, adorer l'Écosse, maîtriser l'anglais et avoir hérité d'une grande sensibilité.

J'oubliais, il faut aussi aimer la recherche, la vérité et la vie pour transmettre la connaissance qui permet d'accéder à la Liberté.

Mais sans la rencontre de Julian Bukits, natif d'Édimbourg, ce livre n'aurait jamais vu le jour.

L'ÉCOSSE ET MOI

La toute première fois que j'ai entendu parler d'Écosse, je devais avoir environ 7 ans. Papy Henri m'avait envoyé une carte postale d'Édimbourg, sur laquelle figurait le château et un homme en kilt au tartan coloré avec de grandes chaussettes, qui soufflait dans une cornemuse.

Mon grand-père s'était rendu dans la capitale Écossaise pour assister à un match de rugby Écosse / France sur le temps d'un week-end et cette carte m'avait surprise avec cet homme en jupe et ce château en suspension, comme perché dans les airs.

À 20 ans, grâce à un jumelage, je séjourne 1 mois dans une famille, dans une ferme biologique au sud d'Édimbourg.

J'ai adoré la mentalité écossaise et la région de Perth, fait le tour de l'Écosse en passant par les Highlands, Inverness, pris le dernier train à vapeur alimenté par du charbon.

Éblouie par les dégradés de bleus au large de Gairloch sur la côte Ouest, j'ai compris que l'étranger qui découvre ce pays y revient tôt ou tard, c'est inévitable car les habitants sont si gentils et l'air y est si pur.

La magie des légendes et les manoirs hantés, ajoutent un charme supplémentaire, sans oublier ' Nessie ' le petit monstre du Lochness et les troupeaux de moutons qu'il faut laisser passer pendant 20 bonnes minutes, lorsqu'on circule en voiture.

À 23 ans, je demande à la directrice de la Sorbonne à Paris, de partir à Édimbourg pour être assistante de Français dans un établissement. Mon dossier est retenu car j'ai validé mon D.E.U.G mais il y avait trop de demandes pour la capitale, c'est donc Aberdeen qui m'a été attribué, au Nord / Est de l'Écosse et j'en profite pour écrire mon mémoire de maîtrise sur les vestiges du 17e siècle dans la ville.

Deux ans plus tard, je suis professeur d'Anglais et j'emmène régulièrement mes élèves en Angleterre et plus précisément en Écosse : à Édimbourg, j'ai choisi la visite gratuite ' le musée des écrivains '(The Writers' Museum), bien sûr Robert Louis Stevenson est représenté.

C'est drôle, mais moi qui ai suivi des études Anglophones avec des modules de littérature britannique et américaine, je suis passée à travers les œuvres de R.L Stevenson.

Aussi pour cette raison, vers 40 ans, je me suis décidée à lire DOCTEUR JEKYLL ET MR HYDE.

Au début, j'ai un peu de mal à rentrer dans le roman mais très vite, je le dévore, le trouve très original et intéressant car en effet, l'atmosphère me rappelle mes études de langue à Paris et mon imaginaire me transporte vers des toiles de Turner et Pollock où le vieux Londres se mélange à des corps en souffrance mais je suis bien loin d'y voir, ce que je vais découvrir 10 ans plus tard…

En juin 2016, lors d'un week-end à Édimbourg, je suis hébergée dans un Bed and Breakfast à South Clerk Street où le propriétaire des lieux, Julian Bukits, quadragénaire, passionné d'art et de littérature s'empresse de me demander ce que j'étudie avec mes élèves. En fait quand on enseigne l'anglais en France, il est souvent question d'extraits d'œuvres, donc il n'y a qu'en classe de 3e que je propose la lecture de Dr Jekyll and Mister Hyde en intégralité. Julian est très intéressé par ce choix car il me confie qu'il est l'auteur d'un ouvrage concernant Mr James Tunny, photographe à Édimbourg à l'époque où Stevenson y a vécu.

C'est dans le salon, au dîner, autour d'un thé qu'il me dit être convaincu que ce photographe a inspiré R.L.Stevenson pour créer le monstre que nous connaissons dans l'un de ses plus célèbres romans. En effet, tout le monde pense que Brodie a été la source majeure d'inspiration, mais il n'était qu'un voleur attiré par le luxe, qui fabriquait des meubles de qualité et s'était spécialisé dans les portes et les serrures de luxe, remettait aux acheteurs le trousseau de clefs après avoir fait des doubles.

De nuit, il cambriolait ses clients sans effraction, dérobait bijoux, argent et objets de valeur. Cet homme vivait dans le luxe et la luxure, malheureusement, ses clefs n'étaient pas celles du paradis. Un beau jour, il se fit prendre et pendre.

La commode de la chambre du jeune Louis Stevenson était signée Brodie mais cette signature ne prouve rien.

Julian est certain que « le monstre » Jekyll / Hyde, c'est James Tunny, photographe au 19e siècle au coin de sa rue actuelle.

Mais qu'a-t-il donc fait cet homme pour avoir pu inspirer notre auteur Écossais ?

A l'époque, Mr Tunny respecté et respectable, photographiait tous ceux qui en avaient les moyens. Ce commerçant côtoyait du beau monde, il faisait même partie du conseil municipal de la capitale, ce qui aujourd'hui n'est plus une référence.

En effet, à cette époque, il était en-dessous de tout soupçon, avait fait signer une assurance vie à sa très jeune épouse, avant de l'empoisonner, très certainement avec des produits toxiques qui servaient au développement des photos. Il aura 12 enfants en tout, je crois. Exactement le même scénario pour la 2e jeune femme, elle signe l'assurance vie et décède peu de temps après, tout comme la première...empoisonnée, elle aussi...

Mr Tunny œuvre dans le social et fait passer des réformes pour les plus démunis. Cet homme est si distingué, il a tellement de charisme et semble si affecté par le décès de ses femmes que personne n'ose le suspecter. En effet, c'est assez incroyable !

À aucun moment il n'est montré du doigt et jamais le monstrueux photographe n'est inquiété. Entouré de politiques, des aristocrates, des hommes de loi, tous ses amis soi-disant respectables qui font de lui une personne honnête.

C'est quand même fou ! J'ai du mal à le croire !

' L'habit ne fait pas le moine ! ' Néanmoins il y contribue, pour cette raison, Mr Tunny n'ira jamais au tribunal, ses apparences d'honnête homme l'ont protégé.

Pour revenir à Stevenson, Julian n'a pas encore trouvé la preuve que James Tunny et R.L.S se sont rencontrés un jour, mais il sent que ses 2 personnes ont emprunté le même chemin. Ils auraient pu se croiser dans ce quartier, car Louis et sa famille ne résidaient pas très loin.

Déjà, Julian sent un lien entre le personnage central du roman le plus connu de Stevenson et Mr Tunny. L'auteur de :

' A study of James Tunny ' pense qu'avec la photographie de l'époque, le passage du positif au négatif était possible mais pas du négatif au positif, ce qui condamne ' Monsieur Hyde ' à ne pas pouvoir devenir à nouveau ' Docteur Jekyll 'et en mourir.

LA VIOLENCE PERVERSE

Effectivement, Julian a raison : ce ' Monsieur Tunny ' aurait pu influencer Stevenson pour créer son monstre. Ce médecin respectable qui se métamorphose en une créature meurtrière et inhumaine ressemble au photographe.
À cet instant, Julian vient de me remettre une clef précieuse, malheureusement je n'en ai absolument pas conscience.
Je suis victime d'un pervers narcissique qui pour le moment porte encore le masque du prince charmant.

En effet, depuis 6 mois déjà, je suis sous son emprise mais n'en est pas consciente, d'ailleurs je ne me suis jamais sentie aussi libre.

Je viens tout juste de me marier à Édimbourg en Écosse dans l'église Catholique qui se situe juste en face l'appartement de Julian.

Je suis sur un petit nuage, pourtant déjà des ombres se profilent et les paradoxes fleurissent. J'échappe de justesse à un empoisonnement alimentaire pendant l'été mais à aucun moment j'imagine, que mon petit ange l'a fait exprès.

Cinq mois après avoir quitté Édimbourg, je suis devenue l'ombre de moi-même et je n'ai presque plus d'énergie vitale.

Le sociopathe a presque achevé son œuvre, en jouant le rôle de la victime, du sauveur puis du bourreau, il m'a enterrée vivante, isolée du monde, je n'ai plus de force pour crier ' Au secours ! ', c'est trop tard. Le plan machiavélique s'est refermé sur moi. Je n'ai pas vu la manipulation, ni compris que j'étais victime d'une forme d'hypnose dont j'ignorais totalement l'existence. (Il en existe au moins 7 formes différentes).

Aidé de son frère sociopathe, son bourreau, ils se sont amusés à me voler ma vie, à me détruire au quotidien, en injectant régulièrement des grains pourris à mon moulin pour rendre dingue mon petit cerveau de ' pense trop '.

Leurs turpitudes ont bien failli m'emporter mais en fin d'année, j'ai découvert que j'étais victime de malades psychiatriques.

Comme dans l'œuvre de Stevenson, la vérité m'a rendue très malade. Dès le début de ma sortie d'emprise, j'ai éprouvé le besoin d'écrire mon histoire et de faire de la recherche sur ' les pervers narcissiques ' pour sauver des vies, armer la population contre ce fléau qui tue bien plus que la Covid chaque jour sur cette terre et pour lutter contre ce cancer qui décime l'humanité, j'ai écrit ' Les Anges Blancs ' en 6 mois.

Parallèlement, je ne perdais pas de vue l'enquête de Julian qui cherchait toujours un lien entre Monsieur James Tunny et Louis Stevenson.

Je venais de comprendre que le photographe du XIXe siècle était atteint de ' perversité narcissique ', tout comme le héros de l'œuvre de Stevenson : Dr Jekyll & Mr Hyde, tout comme l'ange qui m'avait séduite, tout comme Alice, la femme de mon arrière-grand-père Louis...

UN REGARD SUR LA VIE DE R.L.S

Dès le printemps 2017, je cherche à aider Julian dans sa quête, comme portée par une énergie positive sans même vraiment savoir pourquoi. Il ne m'a rien demandé, je suis poussée par une envie irrépressible de l'aider peut-être parce-que lui aussi m'est venu en aide indirectement en me parlant de James Tunny, le photographe sociopathe. En me parlant de cet individu, cette créature machiavélique, Julian m'avait donné la clef pour sortir du piège, pourtant il m'a fallu du temps pour comprendre que j'étais prisonnière d'un piège mortel.

Dans une longue lettre manuscrite, j'explique à ce passionné de Stevenson ce qui m'est arrivé et j'insiste sur le fait que le photographe n'est pas un cas isolé, qu'il en existe beaucoup comme lui aux visage d'anges, à la morale sans faille, des êtres parfaits en apparence qui se fondent à merveille dans la vie de tous les jours mais qui sont habités par un esprit malin qui les pousse à détruire toute vie autour d'eux et au-delà, dans la plus grande discrétion pour soulager leurs névroses, un court instant.

Soudain, je réalise que j'ai la chance d'avoir survécu, alors j'ai envie d'aider les autres, toutes ces personnes qui courent un grand danger, puisqu'elles n'ont pas compris comment fonctionne le schéma pervers des sociopathes.

Parallèlement, je veux aider Julian à trouver la preuve qui lui manque aussi, pour susciter la curiosité de l'humanité au sujet d'un monstre qui n'est autre que le pervers narcissique et Robert Louis Stevenson pourrait nous être une aide précieuse dans cette mise en lumière car il s'agit bien de faire sortir la bête de l'ombre où elle sait si bien se fondre.

L'enquête que j'entreprends me permet de sortir de mon livre " Les Anges Blancs" tout en restant dans le thème.

Aider Julian, pour moi c'est comme une bouffée d'oxygène, en effet ces nouvelles recherches sur R.L.S me passionnent et puis je me sens utile, j'ai vraiment l'impression d'être sur les pas du grand homme, puisque j'ai cette chance d'habiter tout près du lieu où il a rencontré la femme de sa vie à Grez sur Loing.

Je débute par la biographie de l'auteur : né à Édimbourg en 1850, Robert Lewis Stevenson est le fils de Thomas Stevenson (1818-1886) constructeur de phares, ingénieur de père en fils depuis la nuit des temps. Sa mère Margaret Balfour (1829-1897) n'est pas très maternelle, Louis est donc élevé par Allison Cunningham, sa nourrice de 1852 à 1872. Elle lui raconte des histoires de monstres qui font peur, Louis en est très friand comme beaucoup d'enfants de cet âge.

En 1864, à l'âge de 14 ans, il travaille sur une pièce de théâtre inspirée de la vie de Deacon Brodie, homme d'affaire respecté le jour, criminel et voleur la nuit. Il aime la littérature, les lettres, les mots tout particulièrement. Il n'y a aucun doute à ce sujet, il est aussi très précoce.

1867, il fréquente l'université d'Édimbourg et les prostituées. Il est le dandy rebelle de bonne famille qui en 1870 demande en mariage Claire, une jeune prostituée, sur l'îlot d' Erraid où elle passe des vacances avec toute la famille. Réel coup de cœur ou provocation de la part du jeune Stevenson de 20 ans ? C'est un mystère...

Le L.J.R (Liberty, justice, Reverence) est fondé en 1872 avec son cousin Bob. Une sorte de ' cercle des poètes disparus ', un groupe d'étudiants prônant l'athéisme et le rejet de l'éducation parentale.

Tardivement, il se décide enfin à travailler ses cours de droit pour faire plaisir à son père et obtient son diplôme d'avocat le 14 juillet 1875 sans avoir beaucoup suivi les cours. Finalement, il n'exercera jamais ce métier car beaucoup trop timide pour plaider mais au moins son père est fier de lui et ravi, il lui remet une grosse somme d'argent pour ouvrir son cabinet...

Un peu plus tard, Louis tombe amoureux de Mrs Sitwell qui épousera Sidney Colvin, un ami qui l'introduira dans le monde littéraire.

Le jeune Stevenson voyage beaucoup avec sa famille, seul également. De 1875 à 1878, il sillonne la Forêt de Fontainebleau car il séjourne fréquemment dans la région avec son cousin Bob, peintre à Paris. Ils logent à l'Hôtel Siron(devenu depuis l'Hôtellerie du Bas-Bréau) à Barbizon. C'est dans ce cadre que sa passion voyageuse s'éveille encore plus et grâce à cette plongée forestière, il publiera :
" Treasure Forest ", le Trésor de Franchard.

En 1876, une mystérieuse Américaine hors du commun, très artistique, a débarqué à l'hôtel avec ses 2 enfants, mariée à un riche industriel en Californie, néanmoins c'est le coup de foudre !

Elle divorce en 1880 et R.L.S épouse Fanny Osbourne. Le couple va habiter en Amérique, Écosse, Angleterre, France, séjourner régulièrement à Davos en Suisse pour améliorer la santé du fragile écrivain et pour finir, ils partent en voilier découvrir les îles du Pacifique. Le roman pour les enfants : L'île aux trésors, est un grand succès, en 1883.
Docteur Jekyll and Mr Hyde voit le jour en 1886 et fait encore couler de l'encre 133 ans plus tard...
Stevenson est connu et reconnu dans le monde entier, Louis est le premier surpris.

Amoureux des relations humaines et de la nature, il a énormément produit en peu de temps : des romans, pièces de théâtre mais aussi des poèmes, des articles de presse, des nouvelles et une quantité vertigineuse de lettres...

À 44 ans, le souffle le quitte à Vailima sur une île de l'Océan Pacifique, à l'autre bout du monde, à des milliers de kilomètres de son Écosse natale qu'il affectionnait tant...

C'est très étrange, parce-que mon arrière-grand-père Louis est né quelques mois avant ce départ et moi j'ai vu le jour quelques mois seulement avant le départ de mon ancêtre...Un peu comme s'il y avait un lien, un fil conducteur entre nous 3...Le même mystère, un secret bien caché...Nous sommes les maillons d'une vérité bien gardée...Comme les pièces éparpillées d'un puzzle...Les morceaux sont sous nos yeux, mais nous ne voyons rien.

C'est donc mon intuition qui va devoir me conduire sur la bonne piste pour dénicher les indices utiles, les preuves nécessaires, les morceaux du puzzle qui conviennent pour former un ensemble cohérent qui ait du sens pour tous.
Et c'est là que commence le début d'un long voyage en compagnie de Robert louis Stevenson...

RENCONTRE AVEC FANNY OSBOURNE

J'ai beau chercher, fouiller, fouiner dans la vie de l'artiste, je ne trouve rien à propos du photographe d'Édimbourg : Monsieur Tunny n'est jamais évoqué.

Je conseille à Julian de jeter un coup d'œil dans les archives de la police de l'époque. Malgré des contacts, à ce moment-là, il ne trouve aucune trace au XIXe siècle. Les joyeux lurons auraient pu faire les 400 coups ensemble et s'attirer des soucis avec les forces de l'ordre…Louis s'était bien fait arrêter pour avoir lancé des boules de neige sur des habitants quand il était adolescent dans les rues de la capitale. Il faut bien admettre que l'écart d'âge est important entre les 2 hommes…Il est vrai que James Tunny aurait pu être son père, donc ce serait plutôt avec son fils qu'il aurait pu jouer…Monsieur Tunny devait fréquenter les prostituées mais pas pour les mêmes raisons que Stevenson, parce-que très vite, je découvre que les 2 hommes sont diamétralement opposés.
Louis Stevenson est sensible, romantique, littéraire, voyageur, rien à voir avec le monstrueux photographe !

Alors je décide de découvrir l'auteur Ecossais à travers la biographie de sa femme : Fanny Osbourne, établie par Alexandra Lapierre pendant 5 ans. Son livre s'intitule : Fanny Stevenson. Entre passion et liberté et c'est une vraie mine d'or car l'autrice a entrepris des recherches aux 4 coins du monde, qui me sont très précieuses.

Ned Field décrit Fanny Stevenson comme une femme incroyable, extraordinaire, audacieuse, à la fois raffinée et bohème, précieuse et brutale…

Il semble fasciné comme beaucoup de personnes par cette créature « hors norme ».
Moi, je vois déjà à travers les mots utilisés par son dernier amant, des traits qui m'inquiètent, notamment quand il dit :

« Elle était la seule femme au monde pour laquelle je puisse imaginer qu'un homme fût prêt à mourir ».

J'en ai froid dans le dos car je repense à la cousine de ma grand-mère...
Tous les hommes étaient à ses pieds. Elle était à la fois rustre et raffinée, roulait avec la dernière voiture sortie : une aronde noire, vivait à la campagne mais se rendait à la ville toutes les semaines pour se faire coiffer. Pour elle, deux de ses amants ont préféré mourir que de la perdre...Ils ont simulé un accident de voiture à quelques années d'intervalle...

Et non, il n'y a pas de hasard...

Ma grand-mère aussi fascinait les hommes et je retrouve en Fanny les mêmes traits de caractère : directive, capricieuse, égocentrique, colérique, voyageuse, sarcastique, piquante, nerveuse, une attirance pour le beau monde, toujours prête à œuvrer dans le social : l'une à la Croix Rouge et l'autre à défendre les intérêts des indigènes dans les îles, contre les blancs colonisateurs.
Toutes deux apparaissent très modernes et particulièrement dynamiques.
Ned Field évoque de « mystérieux pouvoirs avec lesquels mieux valait ne pas plaisanter ... »
Ma grand-mère aussi affirmait qu'elle avait beaucoup de chaleur dans les mains et qu'elle tenait ça d'un oncle magnétiseur. Elle avait utilisé un autre terme : « rebouteux », c'est comme ça qu'on les nommait dans les campagnes à l'époque...

En effet, c'est très surprenant, je découvre beaucoup de ressemblances avec ma grand-mère et sa cousine normande.

Aussi, je décide de reprendre la vie de Louis Stevenson juste avant sa rencontre avec Fanny Osbourne près de Barbizon à Grez-sur-Loing, tout près de Fontainebleau.

J'ai beaucoup de chance car j'habite dans la même région, mes investigations seront facilitées, c'est pour cette raison aussi que je pensais pouvoir être utile à Julian, ainsi je pourrais même me rendre physiquement sur les lieux pour m'imprégner davantage et faire de nouvelles découvertes.

Pour revenir à Ned Field, il a eu beaucoup de chance car Fanny a toujours fermé les yeux de tous ses amants...Il est le seul, l'unique à avoir fermé les siens...

BARBIZON, GREZ ET MORET SUR LOING

Ce sont les paysagistes du XIXe siècle qui s'installent à Barbizon en Seine et Marne et vont faire grandir la renommée de ce village, même s'il connaissait déjà la faveur des grands.

Vers 1830, un petit groupe de peintres débarque, suivi d'artistes poètes et d'écrivains de tous horizons attirés par les lieux. Ces mêmes artistes seront charmés par Giverny et Pont-Aven où l'eau et la lumière se rencontrent pour offrir un spectacle magique, naturel, ressourçant et apaisant...ce doux mélange propice à l'inspiration et la créativité.

La surface de l'eau et ses reflets me renvoient la même douceur à Honfleur, les soirs de juin vers 18h...

C'est à l'Auberge Siron de Barbizon, l'actuel Hôtellerie du Bas Bréau que l'hôte le plus célèbre est reçu, il s'agit de Robert Louis Stevenson. L'écrivain bohème y trouve le calme et l'air pur qu'il recherchait, presque aussi naturel qu'au nord de l'Écosse.

J'ai retrouvé les premières traces de Stevenson à Barbizon en 1875 et Fanny aurait été inscrite à l'École de Barbizon pour affiner ses talents de peintre, malheureusement elle ne figure sur aucune liste des peintres de l'école renommée. Berthe Morisot elle-même a connu Corot mais n'a pu étudier à titre privé que dans des ateliers.

Il est probable que Fanny ait suivi quelques cours privés puisqu'à l'école des Beaux-Arts de Paris, les femmes n'y étaient pas autorisées. Fanny Osbourne prétendait vouloir s'inscrire dans la capitale pourtant elle savait pertinemment que c'était impossible. C'est seulement en 1898 que les femmes seront acceptées à L'École des Beaux-Arts à Paris et que leur présence sera reconnue.

C'est très certainement dans sa chambre d'Hôtel, en forêt ou au bord du Loing que R.L.S a rédigé :

« Aucun pays de plaine, à une faible distance de la capitale, ne possède une situation plus salubre que celle du massif de Fontainebleau où la forêt joue le rôle d'un véritable filtre. »

L'Auberge de Siron abritait aussi les tableaux des peintres de l'époque reconnus ou peu connus, véritable exposition permanente de ce qui se créait à quelques pas de là. Ce lieu fût rebaptisé : L'Hôtel de l'Exposition et aujourd'hui encore le tour du monde se fait en passant par Barbizon, parce-que le temps a préservé l'âme du village « Ses rues, ses pierres, sa forêt respirent toujours de la même façon... »

Grez, tout comme Moret-sur-Loing sont des villages à la lumière exceptionnelle rendue par la présence simultanée de l'eau et de la forêt toute proche. " Grez est situé hors de la forêt, sur la rivière étincelante." R.L.S

Vers 1860, 2 évènements vont avoir une incidence sur la vie du village, tout d'abord l'inauguration de la gare de chemin de fer Bourron / Grez et puis l'arrivée du couple Chevillon qui aménage l'Hôtel de la Marne en plein cœur du village :

« Le jardin de L'Auberge Chevillon descend en terrasses jusqu'à la rivière avec un pré pour les chevaux, un potager, un verger et une étendue de gazon bordée de joncs et agrémentée d'une tonnelle. Sur l'autre rive, s'étend une plaine qui pourrait être anglaise, plantée à profusion de saules et de peupliers. La rivière, profonde, bordée de roseaux et couverte de nénuphars. » R.L.S. La Forêt aux Trésors. Fontainebleau.

Pour connaître la profondeur de l'eau Louis a dû savourer un plaisir naturel, nager en toute sécurité au milieu de la rivière, libre comme l'air, loin des dangers du monde civilisé…

Ici, l'écrivain voyageur découvre une vraie communauté qu'il surnomme « une caserne d'artistes ». Sur une photo de l'époque, prise devant le Pont de Grez juste en face L'Hôtel Chevillon, six artistes peintres, poètes, écrivains sont rassemblés. Louis Stevenson est à droite de son cousin Bob et c'est lui qui fait le plus jeune de la troupe. Concernant le record de l'excentricité, Bob pourrait décrocher la palme car même en noir et blanc, je devine de hautes chaussettes multicolores bien apparentes.

Quant à Fanny Osbourne, elle se situe derrière eux, sur la gauche et s'impose déjà dans le décor, elle semble très à l'aise allongée sur le dos sur 2 canoës en bois retournés, ce qui ne devait pas être très confortable ! La grande dame porte un chapeau original, semble ne pas regarder les artistes mais pose tout de même en s'inclinant de côté...Et oui, cette femme américaine sait se faire remarquer !

Louis accompagne les peintres en Forêt de Fontainebleau pendant 3 ans. Grâce à cette immersion forestière, il publiera : Treasure Forest, Le Trésor de Franchard inspiré de ses nombreuses randonnées.

Aujourd'hui samedi 16 février 2019, je n'ai pas pu résister à l'envie d'aller sur les traces de Robert Louis Stevenson à Moret sur Loing. Ce matin il a gelé, le ciel est bleu et le soleil brille de toutes ses forces, alors une randonnée débutée devant la porte de Maintenon du Château de Fontainebleau s'impose, ensuite je file à Moret. Après une petite marche vivifiante sur les bords du Loing, je suis face au pont où les cygnes glissent sur l'eau, il est 16h...En effet, la lumière est exceptionnelle, les rayons du soleil traversent la forêt sans peine, à travers les branches des arbres nus.

Je m'arrête devant le barrage, de la chute violente de l'eau se dégage un bruit sourd mais agréable qui étouffe tous les sons dégagés par la civilisation. Les nuisances de la circulation sur le, pont sont écrasées par le bruit de l'eau et les reflets sont magnifiques sur la surface de la rivière, qui semble libre de s'étaler à sa guise. De part et d'autre, les berges de l'affluent n'ont pas été aménagées, elles sont naturelles. En amont du pont, l'eau vient de très loin, ce qui donne une profondeur immense au paysage ainsi qu'une fraîcheur très agréable.

Je sais que Stevenson a voyagé en Canoë d'Anvers à Pontoise, qu'il a navigué sur des péniches et qu'il avait un projet de construction qui est tombé à l'eau mais j'ignorais la cause.

En me rendant sur les lieux, j'ai découvert qu'en 1877 (un an après avoir rencontré Fanny), il s'est rendu à plusieurs reprises au chantier naval « Matrat » de Moret pour faire construire sa propre péniche mais il a été dans l'incapacité de payer, donc le père Matrat a conservé les 2 canoës, que Louis et son ami Walter Simpson avaient utilisés pour descendre les voies navigables lors de leur périple.

À cette époque, R.L. Stevenson ne gagne pas sa vie avec l'écriture. Son amante a bien flairé un potentiel énorme mais pour le moment, il ne lui rapporte pas grand-chose, de plus Louis a dépensé tout ce que son père lui avait donné pour ouvrir son cabinet d'avocat. Maintenant, le père de Louis lui a coupé les vivres car il voit d'un mauvais œil la relation de son fils avec une femme mariée. Ces derniers vivent à Paris, Fanny continue à toucher régulièrement des sommes d'argent envoyées par son mari depuis la Californie mais celui-ci commence à s'impatienter de ne pas la voir revenir, alors il fait le voyage pour Paris, d'une durée d'un mois, pour connaître les futurs projets de son épouse…

R.L.Stevenson rentre en Écosse et Fanny Osbourne retourne en Amérique avec son mari et ses enfants…

L'histoire d'amour bohème aurait pu s'arrêter là mais Louis ignore que lorsque la raison et l'imaginaire entre en conflit, c'est toujours le rêve qui l'emporte...Il voit en elle un amour fou, totalement inaccessible. Fanny incarne la femme extraordinaire, à la fois artistique et voyageuse, l'incarnation de son idéal.

Quant à la belle américaine, elle est très intuitive et sait déjà qu'elle vient de laisser derrière elle un trésor inestimable...Elle n'a pas dit son dernier mot, en effet la partie ne fait que commencer...

Je quitte Moret, le soleil est très vite descendu, c'est encore l'hiver même si cet après-midi avait un air de printemps.

J'abandonne les oies noires dans les reflets du Loing et rejoins le cœur du village à regret...

En chemin, Rue des Granges, je suis attirée par une boutique de minéraux, des mines de Gaïa.

Je quitte le village sur l'eau avec 2 nouvelles pierres en pendentif, une Apatite bleue et une Lépidolite mauve pour m'accompagner dans mes nouvelles recherches...

Cette petite virée à Moret m'a ressourcée et m'a donné l'envie de faire un autre voyage : celui des Cévennes mais la semaine suivante, au château de Fontainebleau un banc se libère au jardin anglais. Chaque banc possède une petite plaque et sur le seul qui s'est libéré est inscrit :

"Artistes du bout du monde à Grez-sur-Loing depuis 1860 "

Donc, le lendemain, je décide de m'y rendre plus tôt que prévu, puisque le destin venait de mettre ce village sur mon chemin.

La recherche c'est bien, mais l'expérience c'est encore mieux, j'avais besoin de voir Grez de mes propres yeux.

J'adore Moret mais Grez-sur-Loing est plus authentique, ce petit village est resté dans son jus...

Les pavés des trottoirs sont petits, carrés et très irréguliers, son centre même, ne semble pas avoir été touché depuis le début du XXe siècle.

Le blé et le cresson sauvage poussent dans le petit ru qui descend sous la Tour De Ganne, traverse les jardinets pour se jeter dans le Loing, juste devant le pont près du lavoir. L'écrin de verdure où Stevenson, Bob et d'autres discutaient, est presque inchangé en face du jardin de l'Hôtel Chevillon, de l'autre côté de la rive...

Quel calme ! Les cris des bernaches percent le silence, ces belles oies noires glissent sur l'eau avec beaucoup de grâce.

Je me suis rendue dans le village où les regards de Fanny et Louis se sont croisés pour la première fois à travers l'une des fenêtres de l'Hôtel Chevillon...

Je suis venue en ce lieu pour respirer l'air de leur première rencontre. C'est un endroit en dehors du temps qui me rappelle le village de mon arrière-grand-mère maternelle où la rivière, le lavoir et la pierre avait des parfums similaires.

La princesse Américaine est donc repartie dans son pays avec son mari, ses enfants et R.L.S a retrouvé sa famille en Écosse pour préparer un voyage très particulier, en France avec un âne...ou plutôt une ânesse Célestine...

VOYAGE AVEC UN ÂNE DANS LES CÉVENNES

Après avoir passé un mois dans le centre de la France, Louis Stevenson prévient sa mère par courrier qu'elle ne va plus recevoir de nouvelles pendant un mois et lui donne une adresse de poste restante.

Le jeune extravagant de bonne famille part pour une longue randonnée en solitaire depuis Le Monastier le 22 septembre 1878 pour se rendre à Saint Jean du Gard, le 3 octobre.

Après les canaux du nord en duo, c'est seul que l'écrivain poète Ecossais âgé de 28 ans décide de parcourir 272 km en 12 jours. Au cours de ces 2 semaines, il dort à la belle étoile, dans des auberges, chez l'habitant aussi. Cet homme des voyages, au combien humain et sensible aime les rencontres, adore prendre des notes, observer la nature et les hommes.

Il quitte donc Le Monastier-sur-Gazelle dans la Haute-Loire en direction du sud et vise la destination d'Alès dans le Gard avec pour seule compagnie Célestine, une ânesse bien têtue. Voyager avec un âne ça fait rêver mais sur le terrain, la situation devient très vite compliquée…

Louis a confié à sa mère dans une lettre avant son départ qu'il était ' l'un des hommes les plus fatigués du monde.'
Mais qui lui a pris autant d'énergie ? Ses soucis de santé se sont envolés depuis ses séjours en France, on en entend plus parler, Louis semble avoir trouvé un certain équilibre physique même, en fuyant son pays.
Et pourtant, il se sent vidé. Il a besoin de se reconnecter au céleste et à la terre, se sentir libre dans la nature, se sentir vivre.

Cette sensation de liberté absolue quand on est hypersensible, hyper émotionnel, ne peut se ressentir pleinement que lorsqu'on est seul, loin de la civilisation, en pleine nature sans aucune contrainte extérieure, au milieu de nulle part, très loin des conventions sociales.

Certes, le Mythe du monstre du Gévaudan attire la curiosité de Louis mais en réalité ce voyage c'est le tournant de sa vie. Il est triste, il a de la peine et ressent tous les symptômes du coup de foudre pour Fanny Osbourne. La séparation fait encore grandir cet amour. Plus il est seul et plus il pense à elle, plus il pense à elle, plus il l'aime.

La terre le ramène à la triste réalité : Fanny est mariée et à l'époque Victorienne, le divorce est quasi inenvisageable pourtant elle lui laisse entrevoir un espoir.

En dormant à la belle étoile, il se reconnecte avec les énergies célestes et se laisse à rêver de sa bien-aimée.

C'est ici, au cœur de la France qu'il se ressource et rêve d'aventure.

« Les conventions sociales, les classifications religieuses de la civilisation se trouvent gommées pour laisser place à l'indulgence, la sérénité, la paix de l'esprit. »

Louis Stevenson ignore à cet instant qu'il a déjà parcouru un peu plus de la moitié de sa vie.

L'existence même du jeune homme va d'une certaine façon se jouer en quelques jours sur les sentiers des Cévennes...

« C'est un pèlerinage dans les replis de son cœur » observe Richard Holmes.

Dans une relation saine lors d'un amour réciproque, il n'y a pas de question mais là, des questions il s'en pose !

Quel tour prendrait maintenant sa vie ? Comment ne pas se fourvoyer ? Que faire des projets paternels qui le vouent à la science, voire au droit et l'écartent de la littérature ? L'amour qui se profile à l'horizon depuis la rencontre avec Fanny mariée à un autre, vaut-il la peine d'être risqué, d'être vécu ? Amour de l'aventure et aventure de l'amour se confondent dans la douceur de la nature.

Il cherche la meilleure voie à suivre, il se cherche.

« À l'espace vacant de la randonnée, au champ libre du promeneur correspond la vacance du possible, le territoire de l'avenir, la page à écrire. »

Selon l'écrivain Écossais, le mariage est un gage de Liberté : « Vivre à la belle étoile avec la femme qu'on aime est de toute les vies la plus totale et la plus libre. »

Il est à la fois attiré par cette femme et inquiété par certains signes qui l'encouragent à la réflexion et la méfiance, mais il les interprète mal, néanmoins il n'est pas serein et se pose mille questions. À l'arrivée, au bout du chemin, il va devoir prendre une décision : Choisir la voie de la raison ou prendre un risque…

Il est convaincu d'être un homme libre, d'être seul à décider de la tournure de sa vie. Il a tort car il ignore totalement que lorsque la volonté et le rêve entrent en conflit, c'est toujours le rêve qui l'emporte. Il semblerait que le seul lien visible qui unit encore Louis à Fanny ne sont plus que les mots de leurs lettres régulières. En réalité, une autre force les relie, celle des énergies subtiles et même l'immensité de l'océan Atlantique et du continent américain qui les séparent ne représente rien.

Comme la sirène qui appelle le marin, il suffit d'une lettre de Fanny qui lui demande de venir à son secours pour qu'au terme du voyage R.L.S prenne le risque d'embarquer pour la Californie pour épouser la belle Américaine qui va divorcer…
Il avoue craindre que « les rêves de l'enfance, les plans de l'adolescence soient abandonnés après une rencontre de 10 minutes avec une femme. »

Il sent le danger mais l'appel du large est très fort, alors il préfère oublier ses doutes et vivre la grande aventure tant rêvée depuis tout petit. Il n'ira pas jusqu'à Alès. C'est très certainement à la poste de Saint-Jean-du-Gard qu'il a reçu une lettre de Fanny.

« Toute ma vie, j'avais attendu une aventure, une pure et simple aventure, telle qu'il en arrivait jadis aux héros en voyage et me retrouver ainsi au petit matin, au coin d'un bois perdu du Gévaudan, ignorant du Nord comme du Sud (...) terrestre naufragé. C'était voir se réaliser une partie de mes rêves. »

L'autre aventure qui l'attend outre atlantique dépasse toute fiction et R.L.S est à cent lieues d'imaginer la suite des événements malgré ses talents d'écrivain...de romancier.

LE MARIAGE, LES RETROUVAILLES,
LA LUNE DE MIEL

Pendant presque un an, Louis parle de Fanny à ses amis, à ses parents aussi... Thomas et Margaret pensent qu'avec le temps, il finira par oublier la belle américaine mariée à un autre.

Il n'aurait pas eu de nouvelles les 6 premiers mois qui ont suivi le départ de Fanny, par la suite selon les lettres de sa bien-aimée, il en déduit qu'elle est malheureuse et maltraitée par Sam Osbourne donc en droit de divorcer. Il tente alors d'obtenir le soutien paternel, en vain.

Fanny quant à elle, est descendue de son piédestal depuis qu'elle est en Californie. En effet, elle n'est plus adulée comme à Grez par les artistes du bord du Loing et cette situation la rend à moitié folle, néanmoins elle surmonte cette mauvaise passe et sera tout de même diagnostiquée « Schizophrène » par un médecin américain.

La reine est déchue, elle n'est plus personne mais elle remonte la pente en rejoignant un autre cercle d'artistes même si elle sait qu'aucun n'arrive à la cheville de Robert Louis Stevenson.

Sam, son mari ne la met plus en valeur, pire encore il ne la craint plus. Fanny n'a plus d'emprise sur lui, elle flirte alors avec la folie voyant que le pouvoir lui échappe, c'est une évidence Sam Osbourne n'a plus peur d'elle. Autrefois il craignait pourtant ses exigences, ses complications et contradictions mais là, il est accablé par le triste bilan : sa femme a voulu partir pour la France, suivre des cours de peinture avec ses 3 enfants mais voilà le résultat ! Elle rentre avec 2 enfants (Hervey est décédé de la tuberculose en avril 1876) quant à son niveau en peinture il n'a guère décollé, elle est loin d'être célèbre avec tous les cours qu'elle a pu prendre. Quand elle fait le portrait de sa fille à Monterey, il est si horrible que Belle en pleure. Fanny n'a pas de talent artistique, elle le sait parfaitement, d'ailleurs son niveau l'insupporte au plus haut point.

Seul Robert Louis Stevenson par sa finesse, sa sensibilité, son amour pour l'humanité et la vie peut la mettre en valeur.

Elle le contrarie beaucoup dans ses lettres, cette femme mûre sait qu'elle n'a qu'un mot à dire pour qu'il vienne la chercher car il a tellement d'amour à lui donner, une montagne d'amour rien que pour elle...
Sa personnalité schizo- affective n'attend que ça !

D'après Alexandra Lapierre, le matin du 30 juillet 1879, Fanny Osbourne dicte quelques mots qu'elle envoie à Louis à Swanston Cottage depuis le bureau du télégraphe de Monterey.

On ignore le contenu du message, mais le jour même, il répond :

" Tiens bon. Je serai près de toi dans 1 mois."

Le 7 août 1879, il répond à l'appel au secours de sa bien-aimée et part pour New York alors qu'il est malade, ce qui inquiète d'autant plus ses 2 amis, Colvin et Henley.

Louis n'écoute pas son corps qui lui envoie des signaux, il néglige ces alarmes pour suivre ses caprices et refuse les conseils avisés de ses grands amis et de ses parents aussi.

Il confie à Colvin le matin de son embarquement :

" Il me semble que je suis mort hier soir..."

Il n'a aucun espoir, aucune peur, aucun désir si ce n'est l'envie de s'enivrer ! Il vient de faire « son testament ». Sur ce point, il ne croit pas si bien dire...

Après la paix des Cévennes, il va affronter les tempêtes de l'Atlantique, puis la traversée du continent américain. Il écrit à Bob le jour où il embarque sur Le Devonia que Fanny est très malade et qu'il pense rentrer dans 1 ou 2 mois , tout au plus.

Pendant presque un mois, il vit dans la cale d'un paquebot avec des miséreux en seconde classe et s'y sent comme un poisson dans l'eau...Il écrit, prend constamment des notes comme toujours. Louis part donc rejoindre la belle américaine, avec 4 sous en poche.

Les retrouvailles sont démesurées, hors norme et chacun tient des propos incohérents, des rires se mêlent aux larmes, c'est le bonheur fou...Mais Belle est jalouse de sa mère, très surprise de l'irruption du jeune Écossais en Amérique et sait parfaitement qu'il n'est pas venu enquêter sur les immigrés, qu'il est ici pour sa chère mère : Fanny Osbourne, il n'est là rien que pour elle.

Le problème c'est que cette grande dame n'aime aucun de ses amants, pas plus Stevenson que Sam Osbourne. Elle ne peut pas aimer...

Fanny cherche son intérêt financier et pourrait miser sur la sécurité en restant avec son mari ou choisir Louis et prendre le risque qu'il n'aille pas jusqu'à la gloire. Dans un moment de lucidité, elle se trouve monstrueuse. En effet Louis a tout quitté, tout lâché, son pays, ses amis, sa famille pour elle.

Il a rassemblé l'argent qu'il pouvait pour ce voyage en quelques jours seulement et la traversée ne s'est pas faite en première classe, loin de là ! Les deux livres qu'il a écrit à bord, son père les fera retirer de chez l'éditeur, particulièrement l'Émigré Amateur qu'il trouve trop humiliant et dégradant pour la famille. Il ira même jusqu'à racheter tous les exemplaires déjà parus !!! Apparemment il ne fallait surtout pas qu'ils soient lus...

Louis doit partir car le mari de Fanny rentre le lendemain et quand il se présente à nouveau les jours suivants, Fanny prétexte que sa sœur a attrapé une terrible maladie pour lui fermer sa porte.

Après une longue discussion avec son mari, elle a choisi la sécurité.

L'écrivain Écossais est anéanti : il n'a plus d'argent, la femme de sa vie ne veut plus le voir pour le moment, alors très déprimé, il écrit à Baxter de lui envoyer 50 livres, c'est la moitié de ses économies. Déprimé, il part camper dans les montagnes avec son eczéma non soigné et « un cœur en miette ».

Ce voyage là, n'a rien à voir avec celui des Cévennes, celui-là est un flirt avec la mort. Il ne veut plus vivre, il n'a plus envie de se battre et va rester sous un arbre pendant 3 jours et 3 nuits sans manger, ni dormir...Il a cru devenir fou avec le croassement des crapauds et le tintement des clochettes des chèvres au loin.

Sa vie aurait pu s'arrêter là mais un chasseur d'ours l'a trouvé et sauvé. Ce n'est pas de la chance...Louis devait vivre...C'est le destin qui en a décidé ainsi.

Belle, la fille de Fanny part vivre avec Joe Strong, un portraitiste qui a du talent et l'a épousée sans le consentement de sa mère. Fanny simule une forte colère mais en réalité ça lui fait un problème de moins à gérer.

Soudain Louis est rentré de la montagne et Fanny a lu son dernier livre, elle le trouve prometteur alors sa décision est prise, elle mise tout sur Stevenson et abandonne son mari.

Elle choisit Rearden (un ex-amant) comme juge pour obtenir la garde de son fils avec le droit de l'élever en Europe. Avant même d'en parler à l'intéressé, elle a déposé son nom et sa requête à la cour. D'ailleurs, elle veut épouser Louis sans même être sûre qu'il tiendra jusqu'au mariage. Ce cheval sera gagnant s'il vit et participe à la course, s'il meurt avant le départ, il rapportera une belle somme tout de même, alors Fanny prend le risque, un risque calculé, en effet le jeu en vaut la chandelle, évidemment elle est certaine que ce cheval vaut de l'or.

Tout à coup, il n'y a plus de problème. En effet, Rearden a parlé avec Louis Stevenson, il a été charmé par sa culture et sa gentillesse, il accepte de s'occuper de la demande de divorce.

Mais voilà, les amants doivent se séparer le temps du jugement, étant donné la mauvaise réputation de Fanny, elle n'a pas le choix car elle veut le divorce et la garde de son fils.

Stevenson tombe malade, il souffre d'une pleurésie, il est malade à crever, crache le sang...Il est abandonné. Jules Simoneau l'aubergiste le sauve en forçant sa porte car il n'avait pas pris de repas depuis 2 jours.

Louis a une mission sur cette terre, il ne peut pas mourir avant d'avoir transmis à l'humanité une vérité bouleversante, alors il ne peut pas partir avant, c'est tout simplement impossible.

Ses derniers écrits ne sont pas bons, il est évident que l'écrivain bohème est trop malade, bien trop affaibli pour produire de la qualité.

Il ne gagne pas grand-chose avec ses 2 derniers romans, ses amis l'implorent de rentrer en Écosse, surtout que le père de Louis est souffrant mais son fils sait que de toute façon en cas d'urgence même s'il partait maintenant, il n'arriverait pas à temps. C'est dans la douleur qu'il choisit de rester, pour faire une découverte qui le fait souffrir davantage : Sam est une belle personne et les 2 hommes ont de nombreux points communs. Tous deux ont le même humour, le même amour de la vie et dans la vie. Ils ont fait des études de droit, sont d'une grande fidélité en amitié, aiment l'aventure et combattent l'intolérance.

Louis est suffisamment intelligent pour comprendre que Sam Osbourne, le mari de Fanny c'est son double...

Louis se remet de sa pleurésie, il survit, très maigre, il saute des repas car il n'a plus d'argent pour se nourrir. Mais même dans cet état de faiblesse, il va aider le fils de l'aubergiste qui souffre d'une pneumonie car Stevenson n'a jamais craint les microbes.

Il oublie son état de santé pour aider les autres parce qu'il les aime plus qu'il ne s'aime lui-même. Il n'hésite pas à mettre sa propre vie en danger pour sauver celle des autres. Quelle joie pour lui de pouvoir aider, grâce à ses soins, son amour pour ce petit garçon, Robbie a survécu.

Dire que l'aubergiste avait hésité à le prendre chez lui, il avait finalement accepté de lui louer une chambre parce qu'au-delà des apparences, il a vu une belle âme et il ne s'est pas trompé.

L'artiste est bohème, en France aussi son allure peu soignée l'avait conduit tout droit en prison à Châtillon sur Loire, il avait été arrêté pour vagabondage...comme par hasard ce détail ne figure pas dans sa biographie, il aurait fait de l'ombre à son élégance légendaire et pourtant l'élégance se trouve partout même dans la pauvreté.

Quel que soit ses finances, cet homme possède une grâce que même la justice ne peut altérer par l'emprisonnement. Louis était mal habillé, une veste sans boutons, sans le sou mais il avait bonne mine et respirait la joie de vivre...

C'était l'époque de Fontainebleau, Bourron Marlotte, Moret et Grez-sur-Loing...juste avant de rencontrer Fanny Osbourne.

Aujourd'hui son regard a changé, il souffre en profondeur depuis le jour où il a mis le pied sur ce bateau pour rejoindre la belle Américaine.

Il n'a pas de visites les premiers mois, se promène dans les rues de San Francisco malgré les pluies torrentielles, observe les gens et écrit beaucoup.

Fanny ne lui rend pas visite pendant des mois puis vient le voir 2 à 3 fois par semaine. Elle le laisse toucher le fond du fond pour décider de l'emmener dans un petit hôtel, loin des regards indiscrets. Il n'est plus transportable, l'écrivain est dans un état second et c'est dans cet état second que le mariage entre Louis et Fanny aura lieu.

Madame Vandergrift (Fanny) a prévenu les parents Stevenson de l'état de santé de leur fils et explique qu'ils ne peuvent pas faire le voyage pour l'Écosse. C'est dans l'urgence que le mariage sera signé à San Francisco. Fanny se prépare au pire et surtout à l'héritage mais le pire ne se produit pas. En effet, Louis est si heureux d'avoir enfin épousé sa belle qu'il reprend des forces et l'immense amour qu'il éprouve pour Fanny le protège. L'amour de sa mère pour lui est aussi une grande force. L'amour que ses quelques vrais amis lui portent l'a certainement sauvé également. Je pense à Charles Baxter en particulier, son ami de toujours.

Louis doit vivre pour dénoncer la misère, l'intolérance et la cruauté de ce monde.

Il n'a que 30 ans et pourtant, il a encore tellement à nous dire.

Il a repris des forces aussi, parce que son père lui a donné son approbation pour le mariage, par conséquent ce geste signifie qu'il pardonne à son fils, toutes les erreurs qu'il a pu commettre auparavant, même celles de son adolescence.

Louis n'épouse pas Fanny pour être heureux, il se marie car il a une dette envers elle. Elle est la femme qui lui a sauvé la vie par amour. Effectivement, il en est convaincu et sa reconnaissance sera éternelle.

Monsieur Stevenson père s'est engagé à accueillir les mariés, leur donner 250 livres par an et à financer les études onéreuses du fils à Édimbourg.

Mercredi 19 mai 1880, c'est enfin le mariage ! Cette union qui a coûté tellement de larmes et de sang à Robert Louis Stevenson finit par avoir lieu. Inconsciemment, Louis sait qui il a épousé, en effet le jeune dandy a imaginé la femme de ses rêves en la rendant plus humaine qu'elle ne l'est. Il y a un monde entre la femme idéale qu'il a rêvé et l'être primitif qu'il épouse mais il l'accepte comme si aucune autre voie ne s'offrait à lui. Le pôle positif est attiré par le négatif et aucune force ne peut lutter contre cette loi de la nature, contre la puissance de ce magnétisme.

La sœur de Fanny, Nelly était jolie, jeune, drôle, cultivée, passionnée de littérature, elle avait énormément d'humour aussi. Avant son mariage Louis riait vraiment avec elle, mais elle n'a pas fait le poids contre le pouvoir que sa sœur a sur les humains, sur les surefficients en particulier, les « pense-trop » comme Louis.

Quand il a quitté l'Europe à bord du Devonia, il avait écrit ceci au moment d'embarquer :

« La femme que j'aime est plus ou moins ma création. Le signe du grand amoureux- Comme celui du grand peintre. C'est précisément cette capacité d'embellir son sujet pour le rendre plus humain que nature. Elle, elle peut continuer à être une vraie femme, elle peut donner libre cours à son caractère, elle peut faire preuve de petitesse, de malveillance ou d'avidité pour les plaisirs vulgaires. Rien n'étonne l'amant qui continue de l'adorer sans que la gigantesque distance entre l'image rêvée et la femme réelle ne le gêne d'aucune façon. »

Louis croit qu'il s'est marié pour le meilleur et pour le pire, il est convaincu qu'il va l'adorer cette femme tant rêvée même dans les pires situations mais il n'a pas encore idée du pire...

Pour le moment, il a organisé son mariage à la sauvette avec une femme de 46 ans, en effet elle a 16 ans de plus que lui, ce qui est particulièrement rare à l'époque, l'homme étant systématiquement l'aîné de la femme. Il l'épouse parce qu'il s'est engagé envers elle, il y a plusieurs années déjà, un été 1876 lorsqu'il l'a rencontrée à Grez-sur-Loing en Seine et Marne.

Pour un surefficient comme Louis, quand on donne sa parole, on ne revient pas en arrière, elle est donnée pour la vie.

Pas d'échange de baiser, pas de tendresse après la déclaration « Je vous déclare mari et femme ». Les fans de Fanny imagineront un regard plein de tendresse réciproque mais ce regard n'était-il pas à sens unique ?

8 ans plus tard, Louis doute...Juste avant leur anniversaire de mariage, il lui écrit ce petit mot depuis Seranac :

« Ceci ne t'atteindra qu'après la date de notre anniversaire de mariage. Non que je fasse un cas exceptionnel de cette date-là. Si je devais choisir un jour marquant, beaucoup d'autres me viendraient à l'esprit. Le jour où je t'ai vue pour la première fois par la fenêtre de Grez, le jour où nous nous sommes retrouvés à Paris après la première séparation, par exemple...Mais la date de notre mariage, celle-là nous la connaissons et ce fût pour moi une date sacrément faste. Pour toi, j'aimerais en être sûr... »

R.L.S est très fleur bleue mais Louis doute et il a raison de douter. Une seule date compte pour Fanny, celle de sa propre naissance...

La lune de miel choisie est d'une grande originalité, c'est encore du hors norme...pour faire rêver, être enviée et se mettre en valeur tout en choquant l'opinion public. Elle n'a rien trouvé de mieux qu'une ville fantôme : une ancienne mine d'or désaffectée. Sans nul doute elle a épaté le marié et plus d'un siècle plus tard encore, le monde entier.

LE RETOUR DU FILS UNIQUE

Un retour en Écosse ça se prépare et Fanny confie dans une lettre à une amie que grâce à ses correspondances avec sa belle-mère elle se l'est déjà mise dans la poche avant même d'avoir foulé le sol écossais.

Avec ses talents de manipulatrice Fanny Stevenson a retourné la pauvre Margaret comme une crêpe, en quelques lettres seulement. Quelques mots bien placés et elle a gagné la confiance de la brave dame, néanmoins la femme de Louis a quelques appréhensions concernant le père Stevenson, car elle pense qu'il va être plus difficile à convaincre.

En fait, pas du tout. Une arrivée à Londres sans encombre et un premier repas en famille où tout s'est bien déroulé, comme une couleuvre, Fanny s'est coulée dans la vie des Stevenson.

Elle sait se fondre dans le décor quand les circonstances le nécessitent, un peu comme le caméléon. L'enjôleuse professionnelle a conquis les beaux-parents, mais Allison Cunningham, Cunny, pourrait peut-être lui donner du fil à retordre. Elle ne se laissera pas impressionner par un nom de plante rare elle !

Lors du dîner, Fanny a défié Thomas Stevenson et elle a gagné sa gratitude éternelle. Elle est très forte, elle sait jusqu' où elle peut aller avec chaque personne, elle connaît la faille de chacune d'entre elle, aussi pour elle, gagner la confiance des gens, c'est un jeu d'enfant. Dans son testament, Thomas Stevenson ne laissera qu'une rente à sa propre femme et la chargera de léguer les biens de la famille Stevenson à Madame R.L.S, si elle devait survivre à Louis.

L'héritage passant aux enfants de sa bru Belle et Lloyd Osbourne après la mort de leur mère ce qui est juste incroyable et très surprenant, j'ajouterais même dangereux d'avoir rédigé un tel testament.

Le frère de Margaret est médecin et s'alarme de l'état des poumons de Louis. C'est en Suisse, au sanatorium de Davos qu'il va se rendre de temps à autre. Il en profite pour rejoindre un cercle littéraire d'amis à Londres, sur le chemin de la Suisse. Malheureusement Fanny n'a que faire des soirées littéraires et déteste tous les amis de son mari. Elle va se servir de la faiblesse pulmonaire de son mari pour faire le vide autour de lui : à cause d'eux, il se couche tard, respire la fumée et s'épuise.

Tout le monde croit qu'elle le protège mais la réalité est sinistre, car elle l'isole et le coupe du monde littéraire, du monde tout court. Elle se dispute avec 90 pourcents de ses amis, tous ceux qu'elle n'arrive pas à enjôler. Même Bob, le cousin adoré de Louis va être rayé de la liste, pourtant c'est lui qui avait été rechercher son cousin en Écosse pour le ramener à Grez et lui faire rencontrer la belle américaine.

Le problème des soirées littéraires, c'est que Fanny n'est absolument pas artistique, alors elle n'a pas grand-chose à raconter et ne peut pas faire illusion très longtemps.

Du coup, elle n'est pas au centre de la conversation et tout le monde s'en désintéresse, ce qui l'insupporte au plus haut point. Davos, elle tient à y conduire Louis régulièrement pour convaincre tout le monde que sa priorité, c'est la santé de son mari. Et ça l'est, en un sens car pour écrire un chef d'œuvre, il doit être en forme et avoir l'esprit lucide. C'est Mrs Stevenson qui décide de quitter Londres pour Davos. Fanny est très autoritaire, elle a pris le pouvoir, sans même que Louis s'en aperçoive.

Thomas Stevenson, le père de Louis a même chargé cette femme de lire tous les écrits de Louis et de juger si le texte est de qualité ou pas pour l'envoyer chez l'éditeur. Cette dame n'a aucune compétence littéraire mais elle fait illusion avec beaucoup de dextérité et d'assurance et ça fonctionne.

Pourtant, malgré tout son talent Fanny n'a pas détecté le génie de son mari dans l'île au Trésor qui signe là son premier grand livre, elle n'est donc pas si intuitive qu'elle en a l'air...

C'est Thomas Stevenson qui règle toutes les dépenses de la famille, qui mène une vie bourgeoise. En effet, il paye tout pour l'éducation de Lloyd qu'il considère comme son petit-fils. Louis écrit beaucoup, même alité : des romans, des essais et des critiques littéraires.

Cependant, il est très dépendant de son père financièrement et c'est parce qu'il est marié à Fanny qu'il a son appui financier. Grâce à ses derniers travaux, il peut payer la location d'une maison près de Marseille où ils ne vont pas rester très longtemps. Ils vont louer un chalet à Hyères.

Stevenson aime s'amuser, vivre, rire.

Il fait des virées avec ses amis d'Écosse à Nice. Fanny continue à jouer le rôle de la sauveuse et fait croire à plusieurs reprises que Louis va mourir pour préparer le monde au décès de l'écrivain. Colvin va qualifier cette femme d'"insane", de folle. Son protégé va faire une tentative d'évasion et part pour Marseille avec l'aide de Bob mais en quelques jours, Fanny le retrouve et l'oblige à rentrer à la maison et il la suit.

BOURNEMOUTH OU L'ISOLEMENT

Après tous ces changements de lieux : Édimbourg, Londres, Davos, Marseille, Hyers ... et de pays : Écosse, Angleterre, Suisse, France (Côte d'Azur), Louis doit avoir le vertige. Pour une convalescence, un malade a besoin de repos, de répit, malheureusement, Louis depuis qu'il a épousé Fanny, se reposer, se poser, il ne sait pas trop ce que cela signifie.

Dans des lettres destinées à Thomas Stevenson depuis Davos, elle lui confie son désir de posséder une maison à elle, rien qu'à elle. Elle avait dit la même chose à Sam Osbourne qui lui en avait offert une en Californie. Et bien encore une fois, elle choisit les bons mots et Thomas offre une maison à Fanny qu'il fait mettre à son nom à elle, rien qu'à elle, en effet le beau-père est vraiment tombé sous le charme.

Lors de mes toutes premières recherches, c'est à Bournemouth que je découvre 3 éléments qui me choquent fortement.

D'abord, le fait que Mrs R.L.S réveille son mari en pleine nuit parce qu'il fait un cauchemar.

Il revient du sanatorium de Davos, il est fatigué et elle le réveille au beau milieu de la nuit très violemment et ce détail m'interpelle.

Ensuite, je découvre que le couple parfait se dispute tellement que les voisins hésitent souvent à appeler les gendarmes !!

Puis vient l'anecdote du premier jet du manuscrit : Docteur Jekyll et Mister Hyde. Fanny n'est pas d'accord avec la dualité, cette notion de polarité, de bien et de mal, de lumière et d'obscurité à travers le roman de Louis et le jette au feu dans un élan de colère.

Je suis stupéfaite devant une telle réaction ! Elle n'est pas d'accord, alors elle brûle un travail qui ne lui appartient pas.

Fanny est humiliante, irrespectueuse, impulsive, intrusive aussi. Elle prend le pouvoir et détruit l'estime et la confiance en soi de Louis. Cet ouvrage lui a demandé beaucoup de temps et d'efforts, énormément d'énergie. C'était à lui et à lui seul de décider s'il allait reprendre certains passages ou pas. Elle décide à sa place de détruire tout et de réduire en cendres l'entièreté du manuscrit.

En réalité, Fanny maîtrise parfaitement ses colères. Elle a détruit l'œuvre de manière très réfléchie car la vérité qu'elle renfermait la dérangeait fortement, l'insupportait même.

Louis, comme tous les surefficients, a une capacité de résilience énorme. Il a repris l'étrange cas du Docteur Jekyll et Mister Hyde et a fait des choix différents pour véhiculer les mêmes messages afin de déjouer la censure de sa femme.

Il n'a pas le choix, il est évident qu'il doit suivre la volonté de son père et soumettre tous ses écrits au jugement de sa femme. Louis est très malheureux, au point de " se sentir étranger dans sa propre maison" (qui n'est d'ailleurs pas à lui, semble-il). Il étouffe, il n'en peut plus. Souvent couché, dans son lit car c'est le seul endroit où il peut écrire sans que ses mots soient lus par-dessus son épaule.

Enfin, il a trouvé un moyen d'échapper à sa sinistre vie en partant pour l'Irlande. Il a lu dans les journaux un article et s'émeut du martyre de ce pays. Il pense qu'il peut offrir sa vie à la cause irlandaise, que l'assassinat d'un auteur écossais connu attirerait l'attention du monde, sur les droits de l'homme non respectés.

Sa vie aurait une utilité au moins parce qu'à Bournemouth, il ne vit plus. Il est comme séquestré, isolé du reste du monde.

Le dragon a fait fuir tous ses amis, alors une mort utile qui servirait l'humanité, c'est la seule solution qu'il a trouvée à sa dépression.

C'est le seul moyen de partir sans être suivi... Fanny n'est pas d'accord du tout, elle s'occupe, accroche des rideaux très onéreux à toutes les fenêtres, s'achète de nouvelles robes encore.

Le paraître, c'est très important, c'est pour cette raison qu'elle soigne la façade : il n'y a jamais assez de froufrou à ses jupons, ni d'oiseaux à son chapeau.

Pendant ce temps, Louis se meurt. Ce qu'il veut c'est de la lumière, pas des rideaux ! Fanny est très embarrassée car pour une fois, Louis est déterminé et elle a beau se mettre en colère, il défie son ton autoritaire et prépare son voyage pour l'Irlande avec au bout du chemin, une mort certaine.

Finalement, il est sauvé par la mort de son père ! Néanmoins, il accuse le coup et ses poumons saignent. Quand on a une infection au poumon, c'est synonyme de tristesse, de chagrin, la peur de la mort aussi. Ce n'est pas un hasard si Louis a de graves problèmes pulmonaires depuis qu'il a retrouvé sa bien-aimée.

Pendant l'enterrement de Thomas Stevenson, Louis est couché et ne peut épauler sa mère, alors bien sûr c'est Fanny qui va prendre sa place pour jouer le rôle de la bru parfaite, du fils absent aussi. Elle va surjouer même et paraître plus affectée que la veuve elle-même. Elle sait cacher sa joie Fanny. Grâce à la disparition de son beau-père, elle va pouvoir mener la vie de château pendant un certain temps, grâce à l'héritage Stevenson, en attendant que le fils prodige écrive un

roman qui se vendrait dans le monde entier et qui rapporterait
encore davantage.

L' AMÉRIQUE 1887........1888

NEW YORK, LE CANADA, SAN FRANCISCO.

Tout ce que fait Fanny Osbourne Stevenson est calculé avec un machiavélisme hors pair, tout est réglé avec minutie digne d'une psychopathe.

Elle a bien compris qu'elle est allée trop loin, que Louis veut s'échapper à tout prix. Madame Stevenson sait que sa faille, sa faiblesse, ce sont les voyages. Louis se disait écrivain à 6/10e et voyageur à 4/10e, alors elle a un plan diabolique qui va lui faire oublier l'Irlande en lui proposant l'Amérique.

Bien sûr, encore une fois elle feint de se sacrifier pour lui. Elle doit abandonner sa belle maison, son jardin à Bournemouth qu'elle aime tant et tout le confort quotidien, pour prendre en main la santé de son mari et lui trouver un excellent sanatorium.

Partir, voyager, s'en aller ! Louis en rêve ! Bien entendu, il accepte et attend avec impatience la date du départ.

Fanny soigne l'image de la famille. Elle ne peut pas abandonner sa belle-mère à Édimbourg, que pourraient penser les gens !

Elle met en avant la raison médicale encore une fois : un dépaysement total ferait du bien à la veuve Stevenson. Un peu déboussolée, la mère de Louis se laisse embarquer pour Les Amériques.

Bien entendu, Lloyd fait partie du voyage. Le jeune aristocrate narcissique colle aux baskets du couple Stevenson et son humour sarcastique commence sérieusement à se faire remarquer.

Encore une fois, Louis est déraciné mais il voyage, il bouge, alors il se sent bien. Tout à coup, il n'est plus souffrant et entreprend un long voyage où il va pouvoir se sentir vivre : découvrir de nouveaux paysages et faire de nouvelles rencontres pour partager, échanger et donner.

Elle a vu juste Fanny, Louis est enchanté, il revit et accepte la proposition avec beaucoup d'enthousiasme. Cette joie de vivre ne va pas durer car sa femme lui prépare une attaque perverse dont il ne se relèvera pas.

La grande Dame détestait les amis littéraires de Louis mais à Bournemouth, elle avait souhaité faire une exception avec Katharine (la sœur de Bob) et Henley son mari et meilleur ami de Louis.

Comme elle est généreuse Fanny ! Elle sait que la cousine de Louis compte énormément dans le cœur de son mari. En effet, elle n'est pas sans ignorer qu'ils ont été très proches autrefois et le sont encore. Louis, sa cousine, il l'aime, il l'adore. Elle a gagné la confiance de la cousine qui a lu un de ses écrits qu'elle n'arrivait pas à faire publier, dans le salon devant tout le monde. Katharine, elle est douée, sensible et a la fibre littéraire, tout ce que Fanny n'aura jamais.

Le manuscrit a été déplacé, oublié et mis de côté par Fanny elle-même. Sans que Louis le sache, elle fait publier le travail de Catherine et le signe de son nom seul : Fanny Osbourne Stevenson.

Grâce au nom ' Stevenson ' l'histoire se vend. Henley ne comprend pas pourquoi le nom de Katherine ne figure pas au pied de l'article. Évidemment, il reconnaît mot pour mot le travail de son épouse et demande des explications.

Louis est marié avec Fanny et il se doit de la défendre en toute circonstance et elle le sait. Henley fait passer Mrs Stevenson pour une voleuse et c'est exactement ce qu'elle est ! Louis suit son devoir d'époux et demande réparation.

L'Amour que Louis porte à sa cousine est immortel et pourtant le plan tyrannique de Fanny lui a porté un coup fatal. Henley et katharine ne pardonneront jamais à Louis. Fanny est victorieuse, elle a brouillé son mari et ses 2 meilleurs amis. Il perd aussi 2 protecteurs, il était protégé par l'amour de sa cousine qui était sincère et profond.

Dans le monde littéraire, Louis est humilié par sa femme mais il encaisse le coup. Elle est parvenue à l'isoler un peu plus encore. Il est très peiné et ressent beaucoup de chagrin, il sait qu'il ne pourra jamais réparer les dégâts causés par Fanny.

Inconsciemment, il sait qui a raison, il sait où se trouve la vérité. Cette attaque perverse de son épouse est comme un coup d'épée en plein cœur. D'ailleurs il rechute, tombe malade à nouveau et crache le sang.

Dr Jekyll and Mr Hyde commence à avoir un certain succès au théâtre à New York. La gloire pointe son nez mais elle a un goût amer dans la bouche de Stevenson. Que peut-il faire ? Publiquement, il ne peut pas donner raison à sa cousine. Il subit l'attaque, il n'a pas le choix... Acculé dans cette impasse, il va donc cautionner l'imposture de sa femme. Fanny a tué l'amour que le trio Henley / Catherine / Bob éprouvait pour Louis.

Cette fois, le pouvoir de la cruauté l'a emporté sur la puissance de l'amour, pourtant les liens étaient profonds et Louis est de moins en moins protégé. Il est très affaibli par cette attaque psychique, possède moins d'anticorps et se retrouve très vulnérable physiquement. Heureusement son infirmière est là, toujours fidèle au poste !

Elle estime qu'il ne peut pas faire le voyage pour les grands sanatoriums de la côte ouest. Aussi elle l'emmène au Canada dans une cabane en bois par moins 30 °C où il sera soigné par un grand spécialiste !

Il est résistant Louis et va s'en sortir. Fanny avait besoin de reconnaissance alors Louis pardonne à sa femme. L'écrivain pendant son voyage pour New York était aux anges, il se sentait bien, alors Fanny s'est amusé à tuer son enthousiasme car quand il est bien elle, elle est mal et vice versa.

L'escale à New York était calculée pour publier les écrits de Katharine dans les plus grands journaux américains, sans la présence de Louis. Mais cette attaque comme beaucoup d'autres, la machiavelle l'a préparée de longue date et pour rendre crédible sa version des faits, elle a fait croire des années auparavant dans une lettre à sa belle-mère qu'elle réécrivait régulièrement les articles de katharine pour l'aider à vendre.

Bien entendu, tout est encore dans le non-dit et elle ne peut révéler le contenu de l'article (qui en réalité n'a jamais vu le jour) pour que personne ne puisse contrôler quoi que ce soit. Fanny demande le silence à sa belle-mère sur ce point et gagne un peu plus sa confiance en la mettant dans la confidence.

Le but du jeu, c'est surtout de laisser une trace prouvant qu'elle a pour habitude de retravailler les écrits de la sœur de Bob et ça marche ! Bon nombre de personnes pensent que Fanny dit vrai !!! Mais en Angleterre, tout le monde a compris : la femme de Stevenson est une voleuse et son écrit est une imposture.

Elle en profite pour faire porter le chapeau à Henley : il est responsable de l'état de santé de Louis. Avec ce qu'elle a fait, le scandale est arrivé jusqu'en Angleterre pour rendre le retour au pays natal de Louis impossible. Les attaques perverses (toujours doubles comme le souligne Paul Claude Racamier) se sont succédées, sans que l'écrivain ne puisse se relever. Les dégâts physiques et psychiques sont irréversibles.

Les 3 amis qu'il vient de perdre à jamais, ne peuvent pas comprendre pourquoi Louis défend l'indéfendable. Moi non plus, lorsque j'étais petite, je ne comprenais pas pourquoi mon grand-père paternel donnait toujours raison à ma grand-mère alors qu'il savait pertinemment qu'elle mentait.

Il m'empêchait d'intervenir pour restaurer la vérité et me regardait fixement.

Je lisais dans son regard :

« Par pitié, tais-toi ! » Ses yeux me suppliaient et je cédais sans comprendre, impuissante devant cette injustice.

Aujourd'hui je sais pourquoi, parce qu'il avait peur. Peur de sa colère et de ses conséquences. Fanny crie ' À l'injustice ! ' et se présente en victime mais ne perdons jamais de vue que ces créatures se font toujours passer pour les victimes de leur victime, en réalité et qu'elles ne laissent jamais de traces matérielles compromettantes. L'original de l'article de Catherine n'a jamais été retrouvé.

Fanny a très certainement brûlé l'unique preuve qui pouvait réellement la condamner. Pas vue, pas prise !

Elle cherche un moyen pour éloigner Louis de l'Angleterre. Elle abandonne son époux à sa mère, elle laisse son fils veiller sur le mari et la belle-mère, pour aller voir sa propre mère dans l'Indiana. Une mère pour laquelle elle n'avait aucune affinité jusqu' à maintenant. Pourtant, elle utilise ce prétexte pour faire une virée à San Francisco, retrouver ses sœurs et surtout 2 anciens amants : Rearden et John Lloyd, tous deux fraîchement mariés à 2 jeunes femmes.

Comme par le plus grand des hasards, elle retrouve sa fille Belle venue d'Honolulu avec son fils Austin Strong pour la voir. Elles vont toutes les deux allées à Oakland, vérifier l'état du cottage et rencontrer les locataires des lieux. Fanny sent qu'elle peut compter sur sa fille comme allier maintenant. Soudain, un nouveau plan se dessine : elle va pouvoir éloigner Louis un peu plus encore de l'Europe.

Le dernier scandale dont Fanny est à l'origine ne donne aucune envie à Louis de retourner chez lui.

Alors elle lui propose un grand voyage, très loin sur un bateau avec tout le monde. Elle prétexte une visite à sa fille à Honolulu et tout le monde vient la rejoindre à San Francisco avant le grand départ.

Il est évident que ce projet fou, sort de l'ordinaire et va séduire Louis. Cette idée d'emmener Stevenson très loin, elle l'avait en tête depuis bien longtemps et cette destination, elle ne l'a pas trouvée toute seule.

C'est celle d'un grand poète : Charles Warren Stoddard qu'elle avait rencontré il y a très longtemps. Il avait été sensible à Tahiti et Hawaii alors c'est là-bas qu'elle va emmener son mari. Il sera séduit par la gentillesse des indigènes, la beauté du paysage et ne souhaitera plus rentrer. Enfin, elle a trouvé le moyen de l'isoler sans que ça jase puisqu'elle a embarqué sa belle-mère. Pourtant la chaleur humide, ce n'est pas très bon pour la santé de Louis, les médecins recommandaient un climat sec pourtant ! Ce n'est pas grave ! Fanny s'y connaît mieux que les médecins. Elle affirme qu'il faut du soleil à son mari, c'est l'humidité de l'Angleterre qui nuit à sa santé ! Fanny a toujours raison alors si elle le dit c'est que c'est vrai. Elle sait mieux que n'importe quel médecin, ce qui est bon ou non pour son mari. Qui oserait la contredire. Déjà il faudrait commencer par arriver à lui prendre la parole car en effet, il est presque impossible de la lui couper, quand elle énonce sa tirade ?

VOYAGE DANS LE PACIFIQUE...

JUIN 1888...JANVIER 1889

Sa vie à Louis, c'est comme le mouvement de la mer. Par moment, il est sur la crête de la vague et il nage en plein bonheur, à d'autres, il est dans le creux de la vague et il boit la tasse.

La créature avec laquelle il fait alliance, veille particulièrement à cet équilibre. Lors du dernier scandale, il a bu le bouillon et quelques semaines plus tard, il nage en plein bonheur et prépare un magnifique voyage sur l'océan Pacifique.

La dernière séparation imposée par Fanny a provoqué un manque chez Louis, tout comme un drogué qui n'a pas eu sa dose.

Quant à Fanny, elle avait aussi un visage de camée. Toute seule, elle broie des idées noires, elle est morose et n'est plus alimentée par l'océan d'amour que Louis lui offre chaque jour.

Lors des retrouvailles à San Francisco, il est évident que Louis est enchanté à l'idée de ce voyage hors du commun. Elle sait d'avance qu'il va accepter et si lui est heureux, sa mère va suivre, c'est une évidence. Le tour est joué, en moins de 10 jours, la grande cheffe a trouvé un équipage compétent et efficace.

Avec de l'argent, ce n'est pas trop compliqué d'acheter des provisions et de s'entourer d'une bonne équipe pour ce périple.

Louis n'avait pas pu réaliser son rêve sur les fleuves de France avec sa péniche, il avait dû renoncer à ce projet par manque de moyens. Aujourd'hui, elle lui en met plein la vue avec ce voyage qu'elle dirige de bout en bout, un peu comme si elle avait repris l'idée initiale de Louis mais en version triple XL, à l'échelle mondiale. Elle est le capitaine, Louis n'est que le moussaillon.

Le propriétaire ne souhaitait vraiment pas prêter son bateau, surtout qu'il n'avait pas du tout besoin d'argent. Finalement, il n'a pas résisté au pouvoir de l'enjôleuse. Fanny a rapidement trouvé la faille chez cet homme et il a fini par céder aux caprices de la femme mûre, à condition qu'elle embarque le barreur du voilier et c'est comme ça que l'affaire a été conclue.

Ça y est, le départ est pris pour la grande aventure. Un voyage à l'autre bout du monde aux antipodes de l'Écosse vers des îles inconnues, voire dangereuses. Voguer sur un bateau, en pleine mer, il y a des risques forcément et il y aura des peurs à dépasser, il faudra faire preuve de courage. Louis est ravi à cet instant, il revit.

Que de découvertes, de nouveautés en perspective !

Il compare la première île qu'il découvre à son premier amour et à d'autres premières fois. C'est pour lui un instant magique et inoubliable. Louis s'émerveille de la vie tout simplement. Pour lui, la beauté est partout. Il est sensible aux rayons du soleil, à la finesse, la pureté du sable blanc des plages... Il est la nature, il est tout ce qui l'entoure. Il y voit tellement de détails et ressent un fleuve d'émotions. Sa sensibilité extrême, fait qu'il est le seul parmi l'équipage, à percevoir la beauté de la vie et à capter autant d'informations en même temps.

La nature, Louis s'en nourrit mais il ne délaisse pas pour autant la nature humaine. Belle a organisé une rencontre avec le roi d'Honolulu. Il est toujours intéressant de rencontrer des gens de pouvoir. Louis sait qu'ils peuvent aider à améliorer les conditions de vie des humains, faire passer des lois et lutter contre les injustices de ce monde. Quant à Fanny et Belle, elles voient autre chose dans ce genre de rencontres. Tout d'abord le prestige de côtoyer du beau monde et d'être mises en valeur. Ensuite, ces relations peuvent toujours être utiles pour servir leurs propres intérêts. Si Louis a apprécié cette rencontre avec le roi, elle est de loin inférieure à celle qu'il va faire avec les lépreux.

Louis n'écoute pas Fanny. Il sait que sur cette île, il va vivre loin d'elle, il va respirer. Il a besoin de courage car quand il embarque sur la chaloupe avec les sœurs, il a peur et il en pleure parce qu'il sait que le risque est grand.

Il n'affectionne pas particulièrement les catholiques mais il sent que l'amour de ces femmes dévouées qui vont sur cette île pour aider est sincère. Soudain il se sent protégé par cet amour, par la suite il va être dynamisé par tant de courage, de dévouement. Sur l'île aux lépreux, il trouve une beauté morale qui le conforte dans sa foi en l'humanité. Tout ce que le père Damien a fait sur l'île pour lutter contre l'horreur accroît sa passion pour la vie. Ce religieux plein de générosité et de bonté a œuvré pendant 10 ans pour améliorer la vie des lépreux mais il a fini par développer la terrible maladie.

Le révérend Hyde refuse qu'un monument à la mémoire du père Damien soit érigé. En apprenant la nouvelle, Louis trouve inadmissible un tel comportement, pour un héros qui a donné sa vie pour sauver et soulager un peuple condamné à mourir sur une île, loin de ceux qu'ils aiment. En réponse à cette attitude Stevenson va écrire une lettre à l'intéressé que j'ai lu. Il est très poli, il y met les formes mais condamne ce manque de respect avec colère et virulence. Son contenu fera le tour du monde. Louis n'en est pas fier, il n'aime pas détruire et ne se réjouit pas des répercussions néfastes sur la vie du révérend.

Le père Damien incarne la sagesse, le courage, la générosité et la détermination. C'est à dire toutes les qualités qu'il admire et qu'il respecte. Il estime qu'il est de son devoir, de saluer une personne hors norme. Louis a trouvé le courage de se rendre sur cette île. Comme le soulignent Aristote :

" Le courage est le juste milieu entre la peur et l'audace."

" Aider les autres " est un trait de caractère que l'on retrouve chez tous les surefficients. Pour Louis, C'est vital parce qu'il préfère donner que recevoir. Il apprécie d'être aidé, mais il éprouve une joie immense à tendre la main aux autres. C'est ainsi qu'il revit et qu'il a l'impression d'exister. Donner est plus fort que recevoir mais je ne suis pas certaine que tout le monde puisse le comprendre, pour moi c'est une évidence.

Louis s'est échappé sur cette île, loin de Fanny, Lloyd et Belle pour exister pleinement. De santé soi-disant fragile, il aurait dû mourir sur cette île, mais comme il le dit sur la chaloupe, l'amour des sœurs l'a protégé.

Quant à moi, j'ai mis des années à comprendre que l'amour protège, près d'un demi-siècle, il était temps !!!

Même à distance, il est protégé par sa mère, ses amis et peut être son père aussi.

Nietzsche a écrit : " Ce qui ne tue pas renforce."

À chaque fois que Louis flirte avec le danger, la mort et qu'il en ressort vainqueur, il est renforcé et ses défenses immunitaires augmentent. Après cette expérience, il est fier d'appartenir à l'humanité. Il est ravi d'avoir aidé à la peine et la souffrance humaine. Il a renvoyé sa mère chez elle, juste avant cette partie de voyage trop dangereuse. Il sait que la suite de l'aventure, lui donnera matière à un fantastique livre de voyage dans, lequel il pourra dénoncer toutes les injustices qu'il aura rencontrées. Louis défend tout homme qui cherche et qui aime le bien. Il a écrit cette lettre, un cri du cœur et n'a demandé l'autorisation de personne pour l'envoyer, il a risqué sa fortune, le bien a triomphé du mal et des monuments se sont dressés sur l'île de Molokai à la mémoire du prêtre.

Quand le bateau accoste à Samoa, Fanny s'empresse de rédiger une lettre à sa belle-mère ou elle cultive encore l'hors-norme : « L'endroit dépasse en splendeur leurs rêves les plus fous... encore plus magique... »

Elle cherche à faire regretter son départ à la belle-mère, mais en réalité je pense qu'elle devait être soulagée de rentrer en Écosse...

À la fin de sa lettre, Fanny laisse sous-entendre qu'il va lui falloir des années pour comprendre la vie sur cette île, pourtant Louis parlait de quelques mois sur place seulement mais apparemment sa femme se voit rester beaucoup plus longtemps. Qui décide ? Stevenson veut rentrer en mai prochain. Quant à Fanny, elle trouve beaucoup d'avantages à la localisation de l'île Samoa qui est plutôt bien desservie ainsi Louis va pouvoir être encore plus productif et rapporter plus d'argent puisqu'il est plus inspiré dans le Pacifique qu'en Écosse.

Louis voulait rentrer mais en février 1890, il achète un terrain à Vailima pour construire une maison en bambou sur pilotis. Il semblerait encore une fois que Fanny ait été très persuasive. Lloyd et Belle voient les lieux exactement de la même manière. Ils vont pouvoir « faire pousser de la vanille, du cacao, des oranges... » pour gagner beaucoup d'argent ! Fanny va même créer une distillerie et fabriquer des parfums ! Que de fabulations !

Alexandra Lapierre s'est rendue sur place et sait que ce terrain n'est fait que de buissons, d'arbres, de racines et de lianes. Elle a parfaitement raison lorsqu'elle dit que " Vailima c'est la jungle."

Alors pourquoi mentir ?

Pour faire croire qu'ils vont gagner de l'argent et ne plus dilapider l'héritage et les revenus de Louis. Peut-être aussi pour justifier le fait qu'ils vont rester sur cette île.

En avril, Louis fait un voyage à Sydney pour rendre visite à la belle fille et son mari Joe Strong et c'est là qu'il découvre sa notoriété dans le monde entier, c'est le succès, il devrait être heureux mais il tombe malade et bien sûr, il ne peut plus rentrer en Écosse comme prévu. Le rhume de Louis a dégénéré en hémorragie pulmonaire encore une fois et c'est comme ça depuis qu'il a pris le bateau pour rejoindre Fanny en Amérique après son voyage dans les Cévennes.

Mais pourquoi ? Ses défenses immunitaires ont encore baissé, sans raisons apparentes. Depuis que Louis est marié, Fanny annonce la mort imminente de son mari, environ 2 fois par an au moins.

Quelle force ? Quelle énergie le remet sur pied ? C'est un grand mystère... Dès que Louis décide de rentrer en Écosse, il tombe gravement malade, donc il repart et à la première escale, il est déjà sur pied. Quelle étrange coïncidence !

En août, il repart à Sydney et tombe à nouveau malade ! Quel hasard !

De retour à Samoa, tout va bien ! Il doit désherber, travailler dur et mange très peu. C'est aussi compliqué de s'approvisionner régulièrement sur cette île.

Deux voyageurs, un peintre et un historien américains vont rendre visite au couple de " bohémiens" et le tableau qu'ils décrivent n'est vraiment pas flatteur. Ce qui est surprenant, c'est qu'ils voient Louis comme "un sauvage qui tue sa pauvre femme." D'après eux dans cette lettre à Henry James, c'est Louis qui suce le sang de son épouse pourtant c'est Fanny qui présente toutes les qualités requises pour une carrière de Vampire !

Alors il faudrait m'expliquer, parce que j'ai un peu de mal à comprendre... Je rappellerais simplement qu'Henry James était le seul ami que Louis et Fanny avait en commun depuis très longtemps. Il était très admiratif de l'épouse de son ami écrivain et lui vouait un respect illimité. Dans cette lettre du poète et de l'historien, la maigreur de Louis saute aux yeux des artistes.

L'alcool local et la drogue y sont sans doute pour quelque chose : ils ont remplacé l'absinthe et font des dégâts. Louis souhaitait rentrer mais à chaque tentative il échoue, tombe malade et doit renoncer à son retour. Bien évidemment, il est convaincu que c'est sa maladie qui l'en empêche.

Fanny Stevenson a été surnommée par les indigènes :

" L'Étrange Femme ".

Louis pensait la connaître mais il découvre encore, des facettes nouvelles de sa personnalité. Il faut s'entendre avec elle pour ne pas souffrir car c'est "une amie violente et une ennemie redoutable." Il n'y a pas de juste milieu, elle est ' haïe ou adorée.'

Quant à Colvin, le meilleur ami de Louis, il pense que cette femme est folle. Elle vit dans une cabane et parle de palais. Sa vision est totalement utopiste et elle évoque même une construction en brique !

La triste réalité, juste avant la saison des pluies, c'est que déjà l'humidité et la moisissure envahissent la cabane en bambou. Ici, elle a un sentiment de puissance. Louis, il se contente de peu mais sa femme a toujours des idées de grandeur et sa soif de pouvoir n'a pas de limite, elle ne sera jamais rassasiée. Les héritiers de R.L.S, Lloyd et Belle vont faire de gros traits d'encre dans le journal de leur mère. Alexandra Lapierre a découvert les mots qui manquaient grâce à un chercheur américain qui a décrypté les passages ou leur mère laissait transparaître sa colère, sa jalousie mais aussi des disputes.

Si les héritiers l'ont fait, ce n'est pas sans raison ! Louis agaçait Fanny au plus haut point. J'ai lu des lettres que la mère de Louis recevait de sa belle-fille, très virulentes dans lesquelles elle se plaignait beaucoup et se faisait passer pour une victime. Elle ne supportait pas de vivre dans l'ombre de son mari...Fanny n'est jamais satisfaite ! Elle voulait que Louis soit célèbre qu'il rapporte beaucoup d'argent et lorsque le succès pointe son nez, ça ne va encore pas ! Elle est victime du succès de son mari... Même de lui, elle est jalouse ! C'est terrible !

C'est assez inquiétant que pour pouvoir être tranquille, Louis devait se faire un petit coin sur son terrain et l'enrouler de barbelés pour ne pas être dérangé pour écrire. C'est bien triste d'en arriver là : du barbelé pour accéder à la liberté !

À l'autre bout du monde, en Écosse, Madame Stevenson mère s'inquiète pour son fils et fait le voyage pour venir le voir. Louis va à Sydney la chercher, il est malade à nouveau : l'agressivité de Fanny et ses humiliations l'ont achevé encore une fois. Lloyd a vendu la maison à Bournemouth donc Louis a compris qu'il n'y aura pas de retour possible en Angleterre. De toute façon cette maison, c'était une prison alors il n'a aucun regret. Fanny est hyperactive et ne se présente pas à table en même temps que tout le monde. Sa belle-mère a beau être présente, elle a des accès de colère, déverse sa mauvaise humeur et agresse son beau-fils à plusieurs reprises. Elle est odieuse, puis redevient gentille les jours suivants. Ce comportement mine Louis, plus il cherche à la comprendre et moins il la comprend. Moins il comprend et plus il se rend malade. Plus il se rend malade et plus il perd d'énergie vitale et plus il se met en danger... Joe, le beau-fils est sa tête de Turc, elle est humiliante à souhait et l'accuse régulièrement de vol.

Cette femme répand l'angoisse autour d'elle, l'île paradisiaque a un goût amer à ses côtés. Margaret Stevenson l'a bien compris, mais que faire ?

Les indigènes ont bien conscience que l'Étrange Femme a des pouvoirs de guérisseuse et qu'elle peut chasser les Esprits, ce qui pourrait faire sourire bon nombre de personnes aujourd'hui encore. Elle avait aussi des notions en médecine et se faisait livrer de nouvelles ' drogues ' par San Francisco. En fait, de quelles drogues s'agit-il exactement ?

Louis cherche un équilibre en échangeant avec les peuples. Il observe attentivement les indigènes pour établir des différences et des ressemblances avec nos peuples. Comme sœur Emmanuelle (une autre surefficiente), il échange, apprend d'eux et n'impose rien de notre civilisation.

Quant au frère et à la sœur : Lloyd et Belle, ils sont très fusionnels et s'entendent à merveille. Belle est nourrie, logée par Louis, tout comme son frère mais elle, il la paye en plus pour prendre en note ses écrits. De plus, c'est elle qui gère et trie son courrier. Lloyd aussi prend des notes et juge si les productions de Louis sont bonnes ou non !

Après ' Le trafiquant d'épave ', Louis signe ' Le creux de la vague ' qui a du succès sous forme de feuilleton. Un jeune cousin Graham Balfour, vole au secours de Louis mais ne restera qu'un an sur l'île paradisiaque.

Lloyd, sa mère il la vénère et la craint aussi. Il sort avec beaucoup de jeunes indigènes qui ont la taille de sa mère, le regard noir, la même allure. C'est elle qu'il recherche en elles.

Fanny aurait bien aimé que Belle sorte avec le jeune Balfour, le cousin de Louis mais il n'est pas bête et a senti le vent venir, il a fait confiance à son instinct et a quitté l'île pour rentrer en Écosse pour ne pas finir prisonnier comme Louis.

Fanny se mêle de la vie politique de l'île et voit le mal partout.

Alors Louis doit se rendre à l'évidence que sa femme est paranoïaque, encore une qualité qu'il ne lui connaissait pas !

Il découvre que la femme avec qui il vit est une terrienne tyrannique, hystérique et égoïste et qu'elle en est même arrivée à jalouser sa propre fille. Avec ses crises délirantes Fanny cherche t-elle à entraîner Louis vers la mort ? Même Belle se pose la question !

Dans ces instants de folie, Fanny fait croire à tout le monde qu'elle est enceinte alors qu'elle sait pertinemment que non ! c'est tout simplement pour faire du mal à Louis qui aurait rêvé d'avoir des enfants et ça lui fait tellement de bien de faire du mal, en fait ça l'apaise. Quelques jours plus tard, elle va mieux et se promène dans le jardin, elle a repris des forces et elle épuise son mari et maintenant c'est lui qui est très fatigué. C'est l'effet des vases communicants.

Autour de chez eux, c'est la guerre entre les tribus et il y a des massacres. Fanny rejette la faute sur Louis, s'amuse à le faire culpabiliser et bien entendu les accusations de sa femme le ronge.

En octobre 1894, Fanny est redevenue gentille et fait un compliment à son mari. Cela faisait 3 mois qu'elle n'avait pas dit une gentillesse.

Louis a beau l'observer beaucoup et penser énormément, il ne sait toujours pas qui est sa femme.

Austin, le fils de Belle arrive à Samoa très tôt le matin pour les vacances. Il est élevé par Nelly en Amérique, c'est bien pratique d'avoir un enfant et de le faire élever par sa tante plutôt que d'aller vivre en Australie pour l'élever dans de bonnes conditions.

D'après Alexandra Lapierre, le lundi 3 décembre 1894 était très détaillé, mais par qui ? (Je lui ai envoyé un mail auquel elle n'a jamais répondu.)

Donc, le jeune Balfour vient de partir. La belle mère n'est plus là, non plus. Elle est soi-disant partie vendre sa maison à Édimbourg pour venir habiter avec eux ! Il est vrai qu'avec toutes ces guerres entre les tribus ces 2 dernières années, ça donne envie de s'installer ici ! Fanny s'est enfermée vers 7h le matin dans son laboratoire pour distiller du parfum ! Louis travaille sur son dernier roman : ' Herminston le juge pendeur. '

Fanny est très contrariée, elle sent un malheur arriver !

Il est l'heure de dîner et Louis et Fanny serait en train de préparer une mayonnaise pour une bonne salade. Soudain, il perd connaissance et tombe. Fanny crie, semble faire tout ce qu'elle peut pour le ranimer. Belle et Lloyd sont présents, les 2 serviteurs se sont précipités : Talolo et Sosimo. Le médecin ne peut rien faire...le rythme cardiaque ralentit jusqu' à s'arrêter... c'est assez étrange.

« À 20h10, le soir du 3 décembre 1894, Robert Louis Stevenson est mort. »

Fanny ne verse pas une larme, ce dont je ne doute absolument pas. En effet, il y a des détails authentiques pour rendre l'histoire très crédible. Le médecin aurait dit qu'il fallait l'enterrer avant 15h le lendemain, à cause de l'humidité ! C'est encore très surprenant... Et Louis aurait dit qu'il voulait être enterré sur le Mont Vaea !

Au cours de mes recherches, je me souviens avoir lu une lettre de Louis à Colvin il me semble, quelques semaines avant sa mort dans laquelle il disait que l'Écosse lui manquait cruellement, qu'il voulait vraiment rentrer et qu'il souffrait d'être loin d'Édimbourg.

Fanny déploie les grands moyens pour le faire enterrer au plus vite, au sommet de la montagne. Auparavant, et ça il n'en parle pas, mais Lloyd a fait de nombreuses photos de Robert Louis Stevenson étendu dans son cercueil avec un esclave à ses côtés, malheureux comme les pierres de voir partir un être aussi gentil et généreux. Les grands chefs défilent après que Fanny l'ait habillé, pour se recueillir et couvrir le cercueil de fleurs.

À 13h le cercueil est emmené par les Samoans pour enterrer R.L.S au sommet du Mont Vaea.

Pas d'autopsie, pas d'amis européens, même pas sa mère. Juste Fanny, Lloyd et Belle ainsi que les indigènes seront présents.

La veuve va même écrire une lettre à Colvin qu'elle déteste et paraître accablée...

Quelques jours plus tard, elle se précipite en Amérique pour trouver des personnes compétentes pour placer son argent, son héritage bien mérité !

Le cœur de Louis s'est arrêté comme ça, soudainement alors qu'il n'était pas malade, parce qu'il était terrassé par les conflits conjugaux ou pour une autre raison... son désir de partir, de rentrer au pays définitivement peut être...

Il y a un mystère derrière toute cette mascarade qu'il me faut découvrir... peu d'années après son fils, Margaret Stevenson décède de chagrin et Fanny reste l'unique héritière de la famille Stevenson.

Bien entendu, la femme de Louis dit qu'elle aurait préféré avoir son mari vivant près d'elle et être pauvre !

Comme elle parle bien Madame Robert Louis Stevenson !

MAI 2018. ÉDIMBOURG. LE MUSÉE DES ÉCRIVAINS.
THE WRITERS' MUSEUM.

J'ai besoin de retourner à Édimbourg. À mon sourire, il est perceptible que j'attends ce jour depuis des, mois avec une grande impatience. J'ai découvert qui a inspiré R.L.S pour son roman Docteur Jekyll et Mr Hyde, mais je ne veux pas l'écrire à Julian Bukits mon ami Écossais, je veux lui annoncer de vive voix. En fait non, je ne vais pas lui dire. Je lui dirais seulement s'il veut écrire avec moi, s'il accepte, je rédigerai toutes mes découvertes en anglais. D'habitude, j'aime travailler seul mais Julian est à l'origine de ce projet, il lui appartient en quelque sorte. Écrire seul, sans lui en parler, serait une trahison que je ne peux pas concevoir.

J'ai très envie que nous rédigions des chapitres tour à tour. Un roman écrit à deux mains en quelque sorte mais chacun son chapitre. L'idée me plaît beaucoup, je vais partir à Édimbourg pour le convaincre et dois trouver de bons arguments pour l'emmener avec moi, dans cette grande aventure. De plus, sur place je pourrais profiter d'un lieu extraordinaire pour mes investigations, aller ou je veux quand je veux et y rester aussi longtemps que je le souhaite, sans aucune contrainte. C'est ça la liberté.

J'ai hâte de décoller, assise confortablement sur mon siège, près du hublot, sans odeur de parfum dérangeante cette fois. Nous décollons à l'heure pour changer, très vite l'avion traverse la couche de coton d'une blancheur immaculée.

Au-dessus des quelques cirrus, la vue est imprenable et infinie horizontalement, verticalement elle est plongeante sur le nord de la France, avec beaucoup de détails : Rouen, l'estuaire...La Seine qui se jette dans la mer. Les eaux françaises qui glissent dans la Manche pour enlacer la Grande-Bretagne.

Soudain, je vois comme de l'or couler sur l'Angleterre, cette beauté m'attire et m'interpelle. Ce sont les rayons du soleil qui produisent une telle luminosité, d'une grande brillance à la surface de tous les cours d'eau du pays simultanément, tellement le ciel est clair aujourd'hui, c'est comme de l'or en fusion.

L'Écosse pointe son nez, j'aperçois le port, nous avons entamé la descente déjà depuis quelques minutes. Le pilote fait une boucle et c'est l'atterrissage sur le tarmac de l'aéroport d'Édimbourg. J'ai le sourire aux lèvres, ça y est, j'y suis enfin !

Les taxis sont sur la gauche quand on sort de l'aéroport mais j'arrive de jour cette fois et j'ai du temps, alors je prends le bus qui va directement en centre-ville en moins de 30 minutes, pour quelques livres sterling seulement.

C'est un ami de Julian qui m'accueille à l'appartement, car ce dernier est absent pour la soirée. Il m'avait prévenue par mail et s'en excusait. En effet, ce soir il pose pour une école de sculpture pendant plusieurs heures comme pour les grands hommes, il verra son buste d'argile trôner sur un socle, dans un musée peut être. Il est drôle Julian, il n'a pas les activités de tout le monde. Il n'est pas marié, n'a pas d'enfant, c'est un homme libre qui profite de la vie à sa guise et voyage beaucoup.

Je remercie son ami pour son accueil et m'excuse du léger retard car j'aurais dû prendre un autre bus depuis le centre-ville, mais j'ai préféré marcher avec mon bagage léger, pour admirer la ville.

Je craignais mal dormir, être assaillie par de sombres souvenirs mais en fait j'ai passé une excellente nuit. J'étais apaisée, rassurée et en sécurité ici.

Dès le matin, Julian m'a proposé d'assister dans le public, à la réunion du parlement écossais qui a lieu une fois par semaine. Pas le droit de participer, juste écouter. C'est le week-end de l'Ascension, je ne suis que 5 jours sur place alors je décline l'offre, même si cette séance me tentait énormément. Il me propose d'aller au bord de la mer en voiture dans la semaine, pour observer et photographier des oiseaux dans une réserve, alors j'accepte avec plaisir.

La capitale a été construite sur un volcan éteint, ce qui offre une belle colline entre la mer et la ville pour des randonnées en perspective.

C'est un avant-goût des" Highlands" avec une faune et une flore déjà typiquement écossaise, des genêts jaunes bouton-d'or devant un ciel bleu intense. Et oui, ici nous sommes au niveau d'Oslo, il n'y a pas de pollution, l'air est pur, le ciel bleu marine et le soleil jaune profond comme quand j'étais petite.

Ces Highlands miniatures s'appellent " The Crags" au pied du parc "Arthur's Seat". Ils offrent une très jolie balade pédestre depuis la ville que je ferai avant mon départ, c'est certain.

J'ai regardé la météo sur internet pour adapter mes visites au temps et j'ai jeté un coup d'œil à la réserve d'oiseaux, ça a l'air magnifique comme site. J'ai vu qu'il y avait un phare aussi et comme dans mes recherches j'ai découvert que le père, Thomas Stevenson, l'ingénieur avait fabriqué la plupart des phares aux alentours d'Édimbourg, alors je me suis dit que celui de la réserve côtière a très certainement été construit par lui. Je le sens. On verra bien, ce sera la surprise.

J'ai prévu des visites tous les jours... bon nombre de musées sont gratuits à Édimbourg alors il faut en profiter. Le musée du jouet ancien est à découvrir (Museum of Childhood), je suis retournée au musée national (Scottish National Gallery) au bout de Market Street, tout au bout du parc gazonné très ras, particulièrement vert où c'est un régal de pique-niquer et de marcher pieds nus. Ce magnifique parc est très encaissé, du coup il n'y a aucun bruit pas même celui des trains, pourtant la gare est à l'autre extrémité. Il est bercé par les cris des mouettes et le son des cornemuses.

Quand je lève les yeux, j'aperçois tous les monuments anciens de la ville et son magnifique château sur les hauteurs. J'ai pris le temps d'aller au National Museum of Scotland. Au pied du château, sur la droite je n'ai pas pu résister à l'envie de retourner au ' Woolen Mill 'pour admirer les métiers à tisser (attention, cette partie du magasin ferme tôt, comme bon nombre de musées en Grande Bretagne.) Ils sont toujours en activité. J'adore la laine et le tissage, je ne sais pas pourquoi. J'ai peut-être été bergère dans une vie antérieure ou alors un ancêtre l'a été et m'a transmis cette passion dans la partie bio électrique de mon cerveau, c'est possible, il faut lire :

' Aïe mes aïeux ' pour comprendre...

Après les tableaux, la laine, je passe devant la boutique du whisky, toujours dans la même rue. Quand on est face au château, c'est sur le trottoir de gauche. J'y entre, mais ne m'y attarde pas. Le principe de fabrication est intéressant, mais je ne fais pas la visite. Il existe tout un circuit organisé à faire pour aller de distillerie en distillerie, ça s'appelle la route du whisky, mais moi je préfère la route des écrivains. Alors un peu plus bas sur la gauche, quand on descend la rue ' Canon Gate ', un peu avant la cathédrale Saint-Gilles, j'entre dans une cour, pour descendre des escaliers en pierres et m'engouffre dans le musée des écrivains.

Au cours de mon séjour, j'y suis allée 2 fois, au cas où un détail important m'aurait échappé.

La surveillante des lieux était écossaise mais elle a vécu en France et parle parfaitement ma langue sans accent. C'est surprenant de parler français ici, ça fait plaisir aussi. Elle ignore qui a pris les photos des portraits de Stevenson, de sa famille et de ses différentes demeures. Ça fait très longtemps que les cadres sont exposés ici. C'est gênant de ne pas connaître la source, le nom du photographe. C'était peut-être Mister Tunny, le psychopathe qui a assassiné toutes ses femmes, une sorte d'Henry VIII photographe !

Un couple de jeunes parle encore ma langue. Ce n'est pas croyable, tout le monde parle français ici ! Les jeunes gens sont passionnés de littérature, alors nous discutons un peu. Je leur confie que j'ai découvert qui a inspiré Stevenson et que je vais écrire un livre qui s'intitulera : Stevenson et Cruella. Ils semblent très intéressés par les anecdotes que je leur raconte au sujet de la vie de l'écrivain. Le jeune homme est allé en voyage dans les îles Samoa et a vu la tombe de Stevenson.

Quelle coïncidence ! Il n'a pas fait le voyage exprès, mais en a profité pour aller sur les lieux où Louis avait vécu. Je n'ai rien appris de nouveau mais tout de même, il me parle de la tombe de l'écrivain.

Ce n'est pas un hasard, le hasard n'existe pas. Je les quitte, ils sont charmants et vont attendre la sortie de mon livre avec impatience. Je poursuis ma visite dans le sens inverse des aiguilles d'une montre et je découvre l'acte de naissance de R.L.S, toutes les données coïncident. Son vrai nom était Robert Lewis Stevenson. Je le savais déjà avant de voir ce détail car le père de l'écrivain, qui soi-disant ne voulait pas que son fils fasse carrière dans la littérature, avait modifié ce prénom, "Louis" faisait plus raffiné, plus "classe" pour une carrière littéraire, plus français aussi ! Les grandes écoles, le monde artistique était centré à Paris, à Barbizon...Grez sur Loing... En Italie... Le latin était un incontournable dans les études d'un gentleman.

Tiens ! Juste après, il y a un tableau, celui d'un pont, c'est celui de Grez-sur-Loing. Il n'est pas signé, pourtant il est terminé. Un tableau impressionniste, à l'huile, une belle représentation de l'époque avec de beaux reflets. Il y a de la technique c'est indéniable, c'est classique, académique, pas de date, juste un petit commentaire sur le mur qui spécifie que c'est Fanny Stevenson qui l'a peint.

Premièrement Fanny Osbourne Stevenson ne savait pas peindre, deuxièmement si vraiment elle était artiste, elle aurait signé ce tableau. Elle signe bien des articles qu'elle n'a pas rédigé, elle aurait pu signer ce tableau s'il n'était pas d'elle mais à l'époque le peintre aurait reconnu son œuvre et il l'aurait traînée en justice et elle n'avait pas envie d'être au cœur d'un nouveau scandale. Fanny a certainement récupéré ce tableau dans les affaires d'un peintre qui devait séjourner à Grez sur Loing entre 1876 et 1878. De nombreux peintres sont passés par ce village, certains étaient célèbres mais beaucoup n'étaient pas reconnus, très peu vivaient de leur peinture. Si le peintre lui avait offert, il l'aurait signé. Il n'est pas signé car l'artiste comptait revenir dessus, ou alors il n'était pas satisfait du résultat et l'a mis de côté. Fanny s'est très certainement servie et les artistes sont très brouillons, alors un tableau de plus ou de moins dans tous leurs fatras passe inaperçu, c'est certain. Surtout ce pont vu de cet angle, il a été représenté des milliers de fois, donc n'importe qui aurait pu le peindre. Troisièmement, je suis sûre que c'est un homme qui l'a peint. Je le sens, c'est difficile à expliquer mais c'est une main masculine qui a représentée ce pont, du fait du choix des couleurs et la manière de représenter les différents éléments qui composent la vue panoramique.

Certes, Fanny était aussi féminine que virile, néanmoins elle n'a pas pu réaliser cette œuvre. Plus loin, il y a d'autres tableaux, au fond sur la gauche dans la 2e salle, des aquarelles qui sont signées : Count Girolamo Pieri Nerli.

Nelly, une sœur de Fanny affirme qu'elle dessinait très bien. Elle a offert son unique chef d'œuvre à l'âge de 10 ans environ, à ses voisins. L'artiste, pourtant en a eu du temps dans les îles pour peindre mais on n'a pas vu la couleur d'une seule aquarelle. Ce n'est pas facile la peinture pour elle, c'est un don qu'elle n'a pas malgré tous les cours qu'elle a pu prendre, elle reconnaîtra n'avoir aucun talent et donnera raison à Rearden, un ex-amant. Cette lucidité ne durera que quelques minutes, le temps d'amadouer l'avocat pour obtenir son divorce au plus vite, avant que Louis ne décède. C'était en décembre 1879, elle était convaincue qu'il allait mourir dans les jours qui allaient suivre. (Belle confirmera les convictions de sa mère à ce moment précis, par écrit).

Ensuite, je vois un autre tableau d'une série très connue. Une peinture à l'huile, faite par John Singer Sargent. Louis avait refusé que certains tableaux de cette série soient divulgués au grand public. Sur cette toile, le malaise est perceptible, la posture de Fanny et son attitude traduisent même du mépris envers Stevenson, comme s'il était réduit à l'état d'objet.

Lui est grand, frêle et raffiné, très efféminée. Une certaine noblesse, une grâce se dégage du personnage. Elle, malgré la tenue onéreuse qu'elle porte, est vautrée, peu distinguée, primitive et vulgaire. Une certaine virilité émane du personnage dédaigneux et prétentieux. Un tableau peu flatteur d'où s'échappe un malaise profond. Louis avait pourtant fait retirer le tableau qui le mettait mal à l'aise. Il ne voulait pas que ses admirateurs comprennent ce qu'il vivait. Le grand public ne doit pas savoir et doit croire que sa vie est belle et qu'il a épousé une femme exceptionnelle.

Sous une vitrine, sont conservées précieusement des affaires personnelles de pêche, une longue-vue, des bottes d'équitation, une bible, des coquillages offerts à Fanny, sa pipe, un foulard au tartan ancien et discret dans des nuances de gris et de violet.

Tout au fond de la pièce, c'est la fin du voyage. À droite des aquarelles représentant Vailima et leur maison en bambou, se trouvent plusieurs photos d'un format supérieur de Stevenson sur son lit de mort entouré de fleurs, veillé par un jeune indigène qui semble accablé.

La photo n'est pas nette, elle a été trop agrandie. Le plan est large, aucun cliché de prêt n'est visible nulle part. Le visage semble détendu. Il ne paraît pas maigre ni bouffi par l'alcool, il semble endormi, c'est normal puisqu'il a déjà perdu connaissance plus d'une heure avant que le cœur ne ralentisse son rythme cardiaque pour finalement s'arrêter. C'est très étrange pour un arrêt cardiaque, ça me fait penser à la poudre cachée dans une bague que les personnes prisonnières prenaient pour ralentir le rythme cardiaque et se faire passer pour mortes à l'époque des pirates. Il faudrait que je me renseigne des effets de cette poudre, sur le corps humain plus en détail.

Plus loin, une photo de la tombe est visible...y figure une phrase que Louis destinait soi-disant à Fanny et que celle-ci y a fait graver pour l'éternité :

" Where you go I will go and where you stay I will stay "

(Où tu iras j'irai et où tu resteras je resterai...)

C'est très étrange que le jeune français m'ait parlé de la tombe de Robert Louis Stevenson, qu'il avait réellement vu lorsque je suis entrée dans le musée. J'achève ma visite par plusieurs photos de Stevenson endormi pour l'éternité et sa tombe.

On dirait une synchronicité, ça me fait penser au livre de Paule Boucher, comme si l'ange bienveillant essayait de me dire quelque chose, de me mettre sur une piste.

Déjà, c'est sûr et certain que Louis n'aurait jamais voulu être enterré ailleurs qu'en Écosse. Il aimait voyager, mais il aimait sa terre natale plus que tout. Il l'aimait tellement qu'il voulait rentrer au pays peu de temps avant mais à chaque fois qu'il voulait rentrer, il tombait malade juste avant d'embarquer, il n'y a pas de hasard, même lorsqu'il a raccompagné sa mère jusqu' à son embarquement, il était à nouveau très mal en point.

Selon Michel Odoul, les cris du corps sont des messages de l'âme et je ne suis pas la seule sur cette terre à en être convaincue. Cette fois, c'est peut-être le départ de sa mère, sa protectrice qui l'a rendu malade.

En quittant le musée, je suis passée par la boutique et j'ai choisi 4 cartes postales. Toutes étaient en lien avec Stevenson 2 aquarelles de Samoa, visibles au City Art Centre d'Édimbourg, 1 paysage de l'île et une grande cabane faite de bambou et de palmiers.

J'ai choisi également un portrait de Louis assis dans un fauteuil et une photo de famille ou Fanny et Belle sont de part et d'autre de Louis et sa mère se tient sur sa droite...

Ce qui me choque, c'est le regard que Margaret lance au photographe qui est décalé sur la droite par rapport à l'objectif, pour appuyer sur le déclencheur.

Mais qui donc est celui qui prend la photo ? À qui ce regard plein de haine est-il destiné ? Il n'y a qu'une personne qui a pu la prendre à Sydney en 1893 : c'est Lloyd, le beau fils de Louis, le frère de Belle. Louis se tient très raide, il est très fermé, comme pour se protéger. Il ne semble pas très à l'aise entre sa femme et sa belle-fille, les jambes croisées et les doigts imbriqués les uns dans les autres. Dès que je pourrais, je montrerai le portrait de Louis à un magnétiseur. Je serai curieuse de savoir ce qu'il va en dire car je suis certaine de récolter de précieuses informations.

Les jours suivants, je suis allée photographier les gigantesques rhododendrons aux " Royal Botanic Gardens ".

Un soir, Julian m'a emmenée au ' Scottish National Portrait Gallery ' pour le vernissage d'une exposition temporaire et j'ai vu qu'il y avait des archives photographiques alors j'aimerais y jeter un coup d'œil. Il faudra revenir lors d'un prochain voyage et prendre rendez-vous par mail.

L'escapade au bord de mer à St Abbs Head pour photographier les oiseaux a confirmé que le phare avait bien été construit par le père de Louis. J'ai lu qu'il accompagnait souvent Thomas lors de ses chantiers. Alors, je sens que je suis ses traces en empruntant le sentier côtier. J'admire les roches colorées parfois couvertes de lichens ocres, il y a même des petites fleurs roses que je n'ai jamais rencontrées sur le littoral français.

Le soir, Julian m'invite au restaurant pour un' Fish and chips '. Je profite de ce tête-à- tête pour lui parler de mon projet d'écrire à deux mais il refuse, il est catégorique. Il a fait sa part avec son livre sur monsieur Tunny et ne veut plus écrire.

Au musée, il avait eu une proposition pour écrire sur un artiste et avait décliné l'offre puisqu'il veut profiter de son temps libre autrement, alors je n'insiste pas. J'ai compris, c'est non.

Il m'encourage à le faire mais toute seule. Au moins la situation est claire donc je ne lui parle pas de mes dernières découvertes. Je ne lui donne pas la dernière lettre que je voulais lui remettre en main propre alors il connaîtra mon secret sur Stevenson quand j'aurais fait publier mon livre et devra attendre encore un peu...

J'ai fait quelques achats de vêtements " vintages" avant de m'envoler pour la France le cœur serré, ça me fait mal de quitter l'Écosse.

Je ne sais pas encore quand, mais je sais que je reviendrai.

Très vite après le décollage, j'aperçois le sommet de la colline ou j'étais hier parmi les bruyères et les genets, sans oublier cet air vivifiant venu de la mer, ce vent pur arrivé tout droit du Nord et les coqs de bruyère qui se coulaient sous les herbes...

Je surplombe la ville...

Édimbourg me manque déjà, alors je comprends que Louis aimait profondément cette ville et cette région.

Dans l'avion, je repense à ce tableau de Sargent. J'avais déjà pris connaissance de l'œuvre avant mon départ pour l'Écosse. Le peintre était jeune lorsqu'il a réalisé cette première série du couple. Il disait de l'écrivain, qu'il n'avait jamais vu un personnage aussi authentique. Louis est parfaitement reconnaissable sur le tableau, mais Fanny beaucoup moins. En effet, ce n'est pas la forme qui importe mais le fond. Sargent est reconnaissable, il a un style bien à lui. Ce qui est extraordinaire, c'est ce qui émane de ce tableau. Le peintre trouvait que Louis avait l'air incroyablement homosexuel sur cette toile, il faut reconnaître qu'il fait très efféminé, quant à Fanny, le visage à moitié caché, assise, très distante, fait penser à une bohémienne, diseuse de bonne aventure. On dirait qu'elle ne s'intéresse pas à l'artiste et en même temps elle semble l'espionner d'un œil, tout en essayant de se faire oublier.

Elle dénote dans le paysage, c'est comme une intrusion, une sorte d'imposture. Son excentricité est hors norme mais elle semble y être indifférente.

Cette scène me fait penser aux albums de vacances quand j'étais gamine.

Il y avait un dessin, il fallait trouver l'intrus ! Ici ça saute aux yeux, elle n'est pas au premier plan et pourtant elle choque. Louis ne voulait pas que certaines œuvres de ces séries soient montrées au public qui ne comprendrait pas et il avait raison. Fanny quand quelque chose ou quelqu'un la dérange, touche à son ego, elle s'en débarrasse. Tout comme l'enfant gâté qui ne veut plus de son jouet et qui le jette de colère. Elle prétend qu'elle n'aime pas les portraits et brûle ceux qu'elle juge peu flatteurs.

C'est aussi simple que cela ! Quant à Louis il est impressionné par le pouvoir de Sargent "à peindre le noyau de la personne" il est un maître dans ce qu'il fait.

Et ce qu'il fait le mieux, c'est ' peindre la vérité ', mais voilà toute vérité n'est pas bonne à ' montrer '...

Un tableau de la série a été vendu à un collectionneur pour 8 000 000 de dollars. Je ne suis pas certaine que l'acheteur ait vu dans cette toile toute sa puissance.

Louis arpentait la pièce en réfléchissant à l'œuvre qu'il était en train de rédiger en une nuit. D'après la date, il s'agirait certainement de Dr Jekyll et Mr Hyde qu'il n'a pas rédigé en une nuit comme le claironnait si bien sa femme.

À propos, n'a-t-elle pas brûlé la première version de l'œuvre ? Tiens ! Quelque chose de dérangeant peut être ! Elle n'était pas d'accord avec la manière dont Stevenson traitait la dualité.

Il semblerait qu'elle ait été touchée personnellement pour jeter le manuscrit au feu de colère, de rage même.

Cette attitude irrespectueuse et humiliante envers Stevenson abîme l'estime de soi et la confiance en soi et détruit la personnalité. Malgré ces attaques, l'auteur a une résilience incroyable et va puiser l'énergie, le courage au plus profond de lui. Il possède une force illimitée pour parvenir à son but en déjouant la censure et les critiques de sa femme. Elle aurait pu brûler le manuscrit une 2e fois, il aurait recommencé car il s'est toujours battu pour la justice et la vérité. Il puise sa force dans les mots, pour faire éclater une vérité d'une importance capitale, pour faire évoluer l'humanité.

Cette vérité, elle n'a pas de prix, elle est inestimable et c'est dans ses œuvres qu'elle se cache.

Je sais ce que je vais faire en rentrant en France, je vais relire "Dr Jekyll et Mr Hyde" pour trouver le trésor caché.

RETOUR SUR DR JEKYLL ET MR HYDE

L'histoire du roman est la suivante :

Quatre amis se connaissent de longue date. Tous sont issus du milieu aisé londonien : Mr Utterson avocat, son cousin lointain Richard Enfield, les Docteurs Hastie Lanyon et Henry Jekyll et tous ont une grande confiance les uns envers les autres, en effet, ils sont comme des frères. Un soir, une enfant est piétinée par un certain Mr Hyde, plus tard un membre du parlement Sir Carrew est assassiné par cette même créature et le Dr Jekyll semble protéger le meurtrier à la plus grande incompréhension de son entourage.

Il demande à son meilleur ami le docteur Lanyon s'il veut avoir accès à la vérité, à la connaissance et il accepte : docteur Jekyll et Mr Hyde sont une seule et même personne mi-ange, mi-démon.

Cette terrible vérité va déclencher une maladie foudroyante chez Lanyon qui ne peut accepter, digérer, au sens propre comme au sens figuré une telle trahison, une telle inhumanité chez son meilleur ami. L'avocat découvrira à son tour la vérité dans le testament du Dr Jekyll.

Pour finir, la métamorphose du Dr Jekyll et Mr Hyde s'effectue grâce à une potion magique, introuvable à la fin du roman, ce qui condamnera Mr Hyde à ne plus redevenir le Dr Jekyll. Le monstre ne supportera pas de rester dans cet état et mettra fin à ses jours.

Ce livre traite des dangers de la science (la dangerosité des médicaments et des drogues) et de la dualité de la nature humaine (le fait que le bien et le mal font partis de chacun d'entre nous).

Je suis d'accord en apparence mais moi j'ai découvert un autre thème. J'ai relu l'œuvre et focalisé sur la double personnalité du personnage principal : Jekyll /Hyde.

Pour commencer, le médecin est quelqu'un d'intelligent, il a une bonne réputation. Il est croyant, très occupé, aime sortir pour prendre l'air. Il œuvre dans le social, il est très moral, très à cheval sur les principes, les conventions, les bonnes manières. C'est quelqu'un de confiance, une personne réfléchie, très sympathique.

Quant à Monsieur Hyde, c'est une créature profondément diabolique, difforme, sans pitié. Une personne ordinaire, complètement folle, égoïste, insensible, une vraie menace pour la société. La créature est répugnante, elle n'a pas confiance en elle et suscite la curiosité. Elle porte un masque, elle est étrange et fait penser à un animal sauvage, un singe voire un rat.

Cet homme primitif est l'incarnation de Satan. Il est impatient, colérique et sa violence le mène au crime physique.

Les turpitudes morales font partie de son mode de fonctionnement. Il est le démon incarné et ne peut se remettre en question, ni s'excuser sauf par calcul. Il est hystérique et mystérieux. Tous ces éléments, je les ai trouvés dans l'œuvre.

L'étrange cas du docteur Jekyll et Mister Hyde, ce double est en fait ' une projection de soi '. Il s'agit bien d'une seule et même personne. Jekyll et Hyde sont diamétralement opposés. D'un côté le Bien, de l'autre le Mal.

Nous pourrions parler de l'image publique et de l'image privée que cette personne nous renvoie.

Jekyll est travailleur, Hyde est paresseux. La belle personne est aussi égocentrique, à la fois gentille et méchante. Empathique, elle se désintéresse complètement des autres. Généreuse, elle ne donne jamais rien, de bonne réputation, elle est aussi répugnante. Le personnage élégant et raffiné a finalement un physique ordinaire et des goûts vestimentaires douteux. À la fois moral et amoral, il s'intéresse à l'art et y est complètement insensible.

Il est humain et inhumain, à la fois amour et peur, courage et lâcheté, lumière et ombre, bien éduqué et primitif, honnête et extrêmement malhonnête. Il est un ange en apparence, un démon en réalité. Je n'ai pas mentionné les références dans l'œuvre originale car je trouve cela fastidieux pour le lecteur mais je n'ai rien inventé, tout y est. Pour moi qui ai été victime de 2 sociopathes (2 frères qui avaient formés un noyau), je vois clairement tous les traits de la maladie psychiatrique (que Paul Claude Racamier a appelé à juste titre) : la perversité narcissique.

Le pervers narcissique est un sociopathe et ce trouble de la personnalité est bien une maladie psychiatrique même si des personnes mal intentionnées œuvrent depuis des années pour qu'elle ne soit pas reconnue. 5% de ces individus atteints de cette pathologie seraient des meurtriers physiques et tous sont des vampires énergétiques et émotionnels, donc toxiques physiquement et psychiquement pour tout être humain.

À l'époque, en 1870, Stevenson était secrétaire de la société de psychologie d'Édimbourg et membre associé de la 'London Society for Psychological Research'. Il participe donc à de la recherche en psychologie à Londres.

Louis avait rédigé des travaux dont un chapitre sur les rêves et les thèses de Freud commençaient à paraître dans un journal de manière désordonnée, Louis y avait accès et s'est tenu informé des recherches de Freud.

Quand Fanny dit que son mari s'est inspiré d'un journal Parisien pour écrire l'Étrange cas...Il y a une petite part de vérité. Des historiens ont cherché mais n'ont pas trouvé ce que sa femme évoquait dans les journaux de l'époque.

Frederic Myers (1843-1901), écrivain, poète et psychologue, essayiste et parapsychologue participe à la fondation la " Society for Psychological Research " en 1882 et en fût le président en 1900. Il a écrit un livre : " Les hallucinations télépathiques" avec 2 autres spécialistes. Quand il a lu le chef d'œuvre de Louis, dans une correspondance avec Henry James, il a confié que " L'Étrange cas du Dr Jekyll et Mr Hyde " était pour lui un cas psychiatrique et qu'il aimerait en savoir plus.

Aujourd'hui, le centre de kinésiologie de Marseille a établi 20 points qui permettent une identification fiable de cette maladie meurtrière et le personnage Jekyll / Hyde y répond parfaitement, sans l'ombre d'un doute. Toutes les caractéristiques de la maladie sont présentes dans le "cas" sélectionné dans l'œuvre de Stevenson.

Certes, l'auteur s'est inspiré des recherches de Freud pour affiner son héros, mais il a beaucoup puisé dans son propre vécu pour créer les personnages. Il a fortement pioché dans son entourage et en lui-même.

Monsieur Utterson, du fait de son métier et son physique lui ressemble beaucoup, Dr Jekyll aussi parfois.

Richard Enfield fait penser à son cousin Bob.

Le docteur Hastie Lanyon dont le prénom évoque "le précipité ", " la potion" pourrait avoir été créé d'après un oncle, le frère de sa mère : George Balfour, inventeur de l'éther, un produit qui entre dans la composition de la potion magique qui permet la métamorphose dans l'œuvre.

Je me souviens que dans les années 80, au lycée, l'éther était utilisé par certains jeunes fumeurs d'herbe pour planer !!!! L'éther et la drogue étaient toxiques et permettaient les mêmes délires, la seule différence à mon époque c'est que l'éther était vendu en pharmacie ! Tout comme l'opium aujourd'hui !!

Au 19e siècle, toutes les drogues étaient disponibles en pharmacie à Édimbourg...D'ailleurs en anglais :

"les médicaments" se traduisent par "Drugs" !

Quand on voit qu'aujourd'hui l'opium est délivré sur ordonnance pour la douleur et qu'il est même remboursé par la sécurité sociale ! Quelle sécurité ! La santé est en danger...Les dealers ont de nouveaux noms...Des noms de laboratoires ...de ministres...Quelle mascarade ! Ce n'était ni mieux, ni pire au 19e siècle ...

Louis n'a rien inventé, il a capté, absorbé, sélectionné ce qu'il trouvait d'intéressant dans son quotidien et ses rêves.

Julian Bukits, mon ami écossais s'est intéressé à R.L.S, parce qu'il est attiré par la souffrance humaine. Tous les tableaux qu'il a sélectionné pour sa décoration d'intérieur suggère un traumatisme, une profonde douleur provoquée par le non-respect de l'être humain. Néanmoins, il y a toujours un équilibre entre l'ombre et la lumière.

Julian a été attiré par Louis, par sa souffrance et sa foi en l'humanité. Dès qu'il m'a parlé de son enquête pour découvrir qui avait inspiré le célèbre écrivain écossais pour son personnage "hors norme", son ange démoniaque, j'ai immédiatement compris qu'il s'agissait d'une personne très proche. Quand il a évoqué le photographe sociopathe monsieur Tunny, j'ai pensé que Louis avait pu effectivement l'identifier.

Mais pour donner autant de détails, il faut bien connaître

la personne et le monstre qui se cache en elle. J'en ai déduit qu'il avait été lui-même victime et qu'il avait vécu aux côtés d'une créature maléfique. Louis est très empathique, hyper émotionnel, il a un cœur énorme, il est très artistique, généreux, d'une grande humanité avec un regard d'enfant sur le monde. Bref, il est la proie rêvée, le met délicat qui va pouvoir nourrir et apaiser la créature perverse narcissique.

Depuis le tout début de mon investigation, mes soupçons se portent sur Fanny Stevenson, sa femme.

Alors, regardons de plus près cette incroyable créature...

C'est drôle, au cours de mes recherches pour ce chapitre, j'ai découvert un descendant de Louis je pense : Ian Stevenson (1918-2007), un psychiatre ayant abandonné la médecine scientifique pour rassembler des récits sur les expériences de vies antérieures, dans lesquels il voyait des preuves de la réincarnation.

Il s'est partiellement détaché de Freud, pour rejoindre le concept d'inconscient développé par des gens comme Carl Young et Frédéric Myers. C'est fou, ce jeune Stevenson a poursuivi le travail de Louis pendant 40 ans. Il a rassemblé 2500 récits d'enfants sur les expériences de vie antérieure et a ouvert un forum sur les phénomènes paranormaux.

Il a parcouru 2 000 000 de kilomètres pour mener ses enquêtes. Un siècle après Louis, il a poursuivi son travail dans les domaines psychologiques et psychiatriques et fait évoluer ce que son ancêtre et Frédéric Myers avaient travaillé bien avant lui. Il n'y a pas de hasard, Louis et Ian Stevenson recherchaient une vérité.

En effet Robert Louis Stevenson a dû transmettre cette passion pour la recherche, les voyages, le fonctionnement psychique de l'être humain, une vérité constamment en évolution et cette transmission s'est très certainement faite par la partie bio électrique du cerveau, une sorte de mémoire transgénérationnelle.

Eh oui, LA VÉRITÉ fait partie des valeurs que Louis affectionnait en priorité, même si son secret était bien gardé.

En revanche, Fanny la vérité elle s'en moque éperdument.

À ses yeux, elle ne vaut rien, seule l'apparence a de l'importance...

FANNY STEVENSON, LA FEMME AUX 2 VISAGES.

Alexandra Lapierre a choisi pour titre à son roman :

' Fanny Stevenson. Entre passion et liberté. '

Elle a enquêté pendant 5 ans sur un personnage hors du commun qui semble avoir été effacé de l'histoire à cause de la notoriété de son mari. L'autrice souhaite rendre hommage à l'artiste américaine qui suscite beaucoup d'intérêt. Elle est si moderne et mystérieuse à la fois.

Dès le départ, à Grez-sur-Loing, Fanny a ébauché son personnage et notre imagination fait le reste. Une artiste américaine a débarqué avec ses 2 enfants, sans son mari. Nous imaginons la grande voyageuse qui vient de loin, elle est artistique donc sensible et raffinée. Elle a quitté son pays avec ses enfants pour parfaire ses dons artistiques. On apprend qu'elle a été une pionnière de l'ouest, une chercheuse d'or, une peintre voyageuse, dynamique et sans peur. Elle est protectrice avec ses enfants et Louis. Cette femme a le sens des affaires, de nombreuses relations à travers le monde.

Elle est charismatique, élégante, d'une grande beauté, à la fois raffinée et sauvage. Une grande dame qui a du caractère, défend de nombreuses causes. Au service des autres, elle donne de son temps sans jamais se plaindre, s'entoure d'artistes, d'hommes de loi, d'hommes influents, de personnes compétentes.

Passionnée, elle n'hésite pas à divorcer pour vivre le grand amour. Surtout qu'à l'époque, le divorce c'était très rare, même un demi-siècle plus tard, la cousine de ma grand-mère aussi s'était séparée de corps et de biens avec son mari mais le mot divorce n'était pas prononcé.

Tous les hommes sont à genoux devant Fanny, ils étaient prêts à mourir pour elle et certains l'ont fait. Pour ma grand-mère et sa cousine, c'était la même chose, les hommes étaient à leurs pieds et parlaient d'elles comme si elles étaient la 8e merveille du monde. Des hommes ont donné leurs vies pour elles aussi.

Nelly, la sœur, voit Fanny comme une 'Sainte', une femme extraordinaire qui a pris tout le positif de leurs parents : une beauté à la fois sombre et pleine de vie qui sait souffrir avec courage, une absence de peur face au danger, une héroïne pleine de ressources à toute épreuve, comme leur mère et fidèle en amitié tout comme le père.

En résumé elle est la perfection incarnée.

Toutes ces qualités sont renforcées par son entourage, sa famille : sa fille Belle, son fils Lloyd, son mari, sa sœur Nelly (sa plus grande fan), sa meilleure amie Dora Williams, ses nombreux amis et amants, et ses beaux-parents bien sûr subjugués par ce personnage hors norme.

Quant à moi, je n'aborde pas mes recherches sous le même angle.

Je cherche la personne perverse narcissique qui a inspiré Stevenson dans ' Dr Jekyll et Mr Hyde ' et pour la découvrir, je fouille dans sa vie.

Pour commencer je m'intéresse à sa biographie, à sa généalogie, et très vite à sa femme. J'ai 48 ans lorsque je débute mes recherches et je rédige en même temps :

' Les anges blancs '.

Je l'ignore à ce moment-là, car je n'ai pas encore lu :

' Chakras et intelligences multiples ' de Patricia Chaibriant, mais le centre énergétique qui correspond à l'intuition est très actif de 42 à 49 ans, alors je suis particulièrement aidée dans mes recherches sans le savoir, puisque je bénéficie d'une sorte de " booster " et c'est pour cette raison que je focalise immédiatement sur Fanny.

En effet, ce n'est pas un hasard. Le hasard ça n'existe pas. La vie est un puzzle et chaque pièce vient s'imbriquer les unes dans les autres, il suffit d'être attentif à tout ce qui nous entoure sur terre, dans le ciel et dans l'univers tout entier.

Fanny s'appelle en réalité Frances Matilda Van De Grift. Elle n'aime ni son premier nom, ni le 2e alors elle s'en débarrasse et s'en invente un. Elle triche aussi sur son âge car elle se persuade d'être immortelle comme les déesses.

Elle s'est donc inventé une identité, fabriquée par ses soins, c'est une imposture : elle se fait passer pour une autre et n'accepte pas l'identité donnée par ses parents à la naissance.

Elle aime le pouvoir et l'argent, cette soif est illimitée, elle n'en a jamais assez.

Avec sa famille elle cherchait de l'or, ensuite elle envoie son mari Samuel Osbourne en chercher alors qu'il avait fait des études de droit et qu'il était juge. Puis elle va jouer "les managers" pour que Louis rapporte des millions de dollars.

Elle s'entoure de personnes de pouvoir comme le juge Rearden ou le célèbre banquier Lloyd et bien d'autres encore qu'elle a su finement enjôler, comme le fondateur du cercle artistique de Californie. Fanny n'aime pas l'art, elle s'intéresse au milieu artistique parce qu'il regorge de personnes sensibles et c'est dans ces lieux qu'elle se nourrit et qu'elle recherche ses proies.

C'est une personne très charismatique qui attire par son regard envoûtant, une voix assurée, apaisante et ses tenues bohémiennes la démarque des autres femmes. La belle américaine joue aussi avec ses atours onéreux de l'époque pour faire des envieuses.

Cette créature mise beaucoup sur le paraître et semble très originale et créatrice pour se fondre dans le cercle artistique. Elle n'a pas choisi Barbizon et sa région par hasard.

Ce berceau de l'impressionnisme attirait des artistes talentueux, quelques années avant son arrivée déjà. La renommée des lieux était connue outre-Atlantique, elle ne choisit pas ce cercle sur un coup de tête, de plus physiquement et intellectuellement, elle se fait passer pour ce qu'elle n'est pas.

La supercherie est grotesque mais plus c'est gros, mieux ça passe ! C'est ainsi qu'elle se fond parmi les artistes du monde entier, à quelques kilomètres au sud-ouest de Paris.

Cette recherche du milieu artistique, ce contact avec des peintres, des artisans me rappelle une anecdote.

C'était le premier week-end de septembre 2017 je crois, à une foire aux oignons. Pour la première fois, une petite exposition avait été rajoutée et s'intitulait le salon des "savoir-faire", une sorte de salon créatif où je m'étais inscrite pour exposer des tableaux. Il y avait aussi une personne aux doigts de fée, pleine d'idées qui faisait des merveilles avec des morceaux de tissus et une autre qui créait des cartes avec de la dentelle.

Situés tout au bout du champ de foire, nous avions peu de visites, quand tout à coup une personne très âgée, particulièrement élégante, en costume, un grand-père d'au moins 90 ans a fait son apparition. Il est d'abord allé discuter avec les 2 seules personnes qui exposaient avec moi et très vite s'est tourné vers mon stand.

Il cherchait quelqu'un qui parlait l'anglais pour un projet international et me confiait qu'il n'était pas venu dans ce village pour la brocante géante mais pour le salon artistique, ce qui me surprenait beaucoup. Puis il m'a accaparée avec son projet, s'est présenté comme un industriel retraité qui œuvrait pour la communauté de communes. Il avait besoin d'une traductrice pour ses échanges avec l'étranger et me proposait un projet gouvernemental pour mes classes. Au bout d'une heure j'étais vidée. Il est parti, puis revenu en passant derrière mon stand et me mettait des coups de coude à l'épaule comme si nous étions amis depuis toujours. Il avait pris ma carte de visite avec mes coordonnées et mon numéro de portable en libre-service à côté de mes tableaux.

Le lendemain matin, j'avais du mal à me lever, je n'avais plus de force, je me sentais vidée. J'ai repensé à cette rencontre de la veille et réalisais seulement que j'avais eu à faire à un pervers narcissique, un sociopathe. Je ne me suis pas méfiée, il était si âgé mais il m'a retourné l'esprit avec son histoire complexe, ce projet hors norme. Il a utilisé un discours hypnotique pour me prélever beaucoup d'énergie, et oui, même avec toute la connaissance que j'ai sur le sujet, je me suis faite avoir, pas très longtemps tout de même. Il a tenté de me joindre à plusieurs reprises pendant les vacances scolaires, je n'ai pas répondu, bien sûr il n'a laissé aucune trace, aucun message en absence. Mon silence a très vite mis un terme à cette relation hautement toxique. J'avais beaucoup marché sur cette brocante pour aller voir une autre exposition de peinture près de la mairie et j'ai vraiment eu l'impression que ce petit grand-père avait flairé mon ADN et qu'il m'avait pistée au fin fond du champ de foire. De quoi faire froid dans le dos...

C'est donc dans ces milieux artistiques que ces créatures maléfiques se nourrissent et se ressourcent.

Elles "s'extraient" vers l'autre, déversent toute la pourriture qui sommeille en elles, pour voler toutes les richesses qui habitent l'autre.

Un échange hautement toxique, voire mortel à long terme.

La créature s'infiltre dans le milieu artistique par son excentricité due à un manque de goût puisqu'il n'y a pas d'harmonie chez ces individus, pas plus dans les formes que les couleurs. Ils sont convaincus que s'ils mettent le prix, c'est forcément bien. Si c'est un créateur qui a fait la bague ou le vêtement, à leurs yeux c'est forcément " tendance" et de bon goût. La robe bohémienne de Fanny ne lui va vraiment pas, elle ne ressemble à rien avec. Quant à la robe qu'elle porte en famille à Sydney en 1893, elle ne lui va pas comme un gant mais comme un sac à patate. Souvent, ils choisissent des couleurs extravagantes pour bien se faire remarquer. Ma grand-mère maternelle s'était déguisée en Arlequin le jour de l'enterrement de mon grand-père pour être sûre d'être vue !

Il y a aussi une autre raison, c'est un besoin permanent de séduire pour se conforter dans le fait que ce sont des êtres qui peuvent être aimés : ils sont "aimables", attirants et se croient beaux. Cette égocentricité leur permet de se montrer supérieur, de dominer et de se faire remarquer.

Ils savent se faire oublier quand les circonstances le nécessitent aussi pour se rendre invisible. Tout comme le caméléon, ils s'adaptent au milieu, aux circonstances, dans l'indifférence la plus totale.

Après le scandale de son divorce et de son remariage le même jour selon les voisins, Fanny prendra vite le large pour une pseudo lune de miel !

Elle est convaincue d'être la perfection, au-dessus de tout. Elle est sur un piédestal et lorsqu' elle en tombe, elle nage en plein délire et ne maîtrise plus rien. Cette chute s'appelle : un effondrement narcissique. C'est le cas, lorsqu'elle rentre en Amérique pour retourner vivre avec son mari Samuel Osbourne.

Elle n'occupe plus le devant de la scène et ne peut l'accepter, d'où un comportement hystérique et une attitude névrosée proche de la folie.

Elle est incapable de se remettre en question, elle a toujours raison et dirige tout.

Très vite, elle est aidée par le père de Louis qui lui donne le pouvoir de décider, si les écrits de son fils valent la peine d'être publiés. Dès 1881, à son arrivée à Édimbourg, elle prend le pouvoir sur R.L.S et tout le monde œuvre pour qu'elle aille dans ce sens. Quelques mots latins de plantes lancés à table appris par cœur la veille et tout le monde la prend pour une savante !

Sa jalousie excessive est démesurée et maladive, elle voit donc le mal partout : sa fille essaie de la détrôner. Son mari et sa cousine Katharine écrivent bien mieux qu'elle et ont un réel talent. Elle jalouse même la nouvelle femme de son premier mari, puisqu'elle a pris sa place finalement. Elle se rattrape avec des projets démesurés où elle en met plein la vue, comme sa fabrique de parfum au beau milieu de la jungle. En effet, elle ferait avaler des couleuvres à n'importe qui, tellement elle manie le verbe avec habileté grâce à un discours hypnotique.

Ces phrases anodines recèlent de pièges, des coquilles qui vont occuper l'esprit, dévaloriser, faire culpabiliser, détruire la confiance en soi ou même faire perdre l'estime de soi. Et toutes ces attaques perverses peuvent se fondre subtilement dans une même phrase.

Ces armes ce sont les mots, elle attaque au quotidien, sans faire de bruit sur un ton à la fois monotone, plein de détachement et d'innocence pour ne pas susciter la réplique et passer inaperçu. C'est le seul domaine où elle a du talent : la manipulation mentale.

Le propriétaire du grand voilier, le Casco, n'avait aucune envie de louer son bateau et pourtant il va céder aux caprices de l'enjôleuse après quelques heures de discussion. La manipulatrice a des talents de comédienne, au point que parfois on ne sait plus si elle joue un rôle ou si c'est la réalité.

Pour Fanny, la vie est une comédie. Le but du jeu est de détruire l'autre, pour accéder au pouvoir suprême de domination sur le monde. La mythomanie fait partie de la panoplie et elle est très crédible. Premièrement parce qu'elle est convaincue de ses propres mensonges, deuxièmement en chacun d'eux se dissimule une part de vérité et troisièmement elle s'arrange pour que d'autres personnes aient le même son de cloche.

Elle renvoie une image courageuse, sans aucune peur, mais en réalité le courage, c'est quand on avance malgré la peur, alors peut-on parler de courage dans son cas ?

Elle n'est émotionnelle que pour elle-même et avec son cœur de pierre, elle ne peut ressentir de peine pour les autres et ne peut aimer non plus. Cette fossilisation émotionnelle s'est produite très jeune, entre 4 et 6 ans je pense. Souvent il y a un choc émotionnel : la perte d'un parent ou grands-parents sociopathes, d'un frère ou d'une sœur... mais ce choc n'est pas toujours nécessaire et une éducation perverse narcissique avec un héritage transgénérationnel sont suffisants pour faire d'un enfant un petit diable en puissance. Fanny n'était pas l'aînée de la famille, un an avant elle, un frère naissait et mourait dans la même année. Sa mère a pu lui reprocher très jeune d'avoir pris sa place et d'être responsable de sa mort.

À ce moment-là, le centre énergétique du cœur se ferme. Tous les sociopathes sont dépourvus d'empathie, ils ne peuvent pas souffrir pour les autres. Ce phénomène est très difficile à accepter par les humains et pourtant, Fanny n'a rien pu ressentir pour la mort de son enfant Hervey âgé de 5 ans. Pire encore, elle souhaite comme tous les pervers narcissiques la mort des frères et sœurs. Mon grand-père paternel souhaitait la mort de son frère avant la sienne pour lui survivre, pour dominer et vivre éternellement.

Cette froideur émotionnelle passe souvent pour du courage. À la mort de R.L.S elle ne verse pas une larme, mais en réalité elle ne ressent rien. Bien au contraire, elle dissimule sa joie ! Elle est enfin l'unique héritière de la fortune Stevenson !

Elle passe pour quelqu'un d'atypique. En cultivant les paradoxes, elle perturbe et ainsi casse les modes de pensée. Par exemple, elle déteste la nouvelle femme de Samuel Osbourne mais va prendre sa défense et lui donner de l'argent car il l'a laissée sans rien soi-disant. La fille ou la sœur de Fanny, je ne sais plus, dira même qu'elle lui a laissé une rente à vie. Eh oui, parfois les anecdotes diffèrent un peu, nous avons une variante des faits, forcément vu qu'ils sont faux, l'histoire n'est pas toujours la même !

Quelques sociopathes sont meurtriers physiques et je suis convaincue que Fanny fait partie de ceux-là. Sa cruauté est sans limite, sans frontière. Elle peut tuer à distance avec des mots qui peuvent sembler anodins, pourtant ils auront l'effet d'un coup de poignard. Il est possible qu'elle ait tuée aussi, de ses propres mains et provoquée la mort délibérément.

Fanny se fait toujours passer pour la victime de ses propres victimes. Elle passe son temps à séduire, conquérir et ces comportements font partie de sa pathologie. Elle ne peut pas lutter contre.

Celle qui a plusieurs amants à la fois, c'est elle ! Elle est volage et accuse Samuel Osbourne d'adultère. Dora, sa meilleure amie renforcera ses dires pour rendre encore plus crédible la situation. Elle se plaindra aussi d'être victime du succès de son mari Louis. Talentueuse, elle doit vivre dans l'ombre. Elle se défoulera dans une lettre à la mère de Louis, où elle déversera toute sa colère, toute sa haine envers son mari.

Elle fait croire qu'elle n'en peut plus et qu'elle souffre de cette profonde injustice. J'imagine le malaise et la tristesse de Margaret en lisant ce courrier, toute seule au coin du feu après le décès de son mari. Plus elle fait souffrir et plus elle se sent bien Fanny. Quand elle touche sa belle-mère en plein cœur, une profonde jouissance s'ensuit. Ce qu'elle ressent, c'est comme une nourriture raffinée, du caviar en quelque sorte.

À Samoa, elle infligera 3 mois de silence à Louis. Pendant cette période, elle ne lui adresse pas la parole et c'est l'absence de mots qui réduit son mari à l'état d'objet. Bien sûr elle prend plaisir à le faire souffrir et ressent un tel bien-être. En fait, tous les humains sont des objets, des outils qui lui permettent de parvenir à ses fins. Ils servent à satisfaire ses propres besoins.

Atteinte de paranoïa, elle pense que tout le monde lui en veut, tout le monde cherche à la voler. Elle accusera son beau-fils, de voler des bouteilles dans sa cave. En réalité, les sociopathes accusent toujours les autres de ce qu'ils sont ou ce qu'ils font.

D'autres névroses viennent se greffer à la paranoïa, au point que les médecins l'ont diagnostiqué schizophrène en 1879.

Plus tard, à Samoa dans les îles, elle aura des crises délirantes.

À deux reprises, il semblerait que le contrôle lui échappe pour des raisons bien précises. Louis est bien décidé à rentrer et il semblerait qu'une grossesse pointe son nez à la plus grande rage de Fanny. Pourtant à propos de ces relations sexuelles perverses, malsaines et primitives elle contrôle tout, elle a tout pouvoir et elle l'impose, c'est quand elle veut et par où elle veut ! C'est pour cette raison qu'elle n'a jamais donné d'enfant à Louis. Il aurait été trop heureux et du coup, elle aurait été très mal. Cette relation hautement toxique est basée sur l'effet des vases communicants : si l'un va bien, l'autre se sent au plus bas et vice-versa...

Les variations d'humeur font partie de la pathologie avec une alternance d'engouement, de fausses joies et de morosité, de nonchalance, voire de dépression.

Dans le jeu mortel instauré par la sociopathe, tous les coups sont permis, mais Fanny est la seule à connaître les règles qu'elle a elle-même élaborées. Elle est sans foi ni loi, tout est permis pour parvenir au but. C'est l'enfant-roi qui est convaincu qu'il suffit de vouloir pour avoir. Elle y va au bluff et ça marche, jusqu'à un certain point.

Dans le même esprit, elle se prend pour Dieu, elle est convaincue d'immortalité, se croit jeune et belle. À son premier mariage, elle a 17 ans, épouse un homme de 3 ans son aîné, ce qui est tout à fait dans la norme à l'époque, dès qu'elle commence à vieillir, ses amants sont beaucoup plus jeunes qu'elle. Le phénomène va s'accentuer au fil des années : Stevenson a 10 ans de moins qu'elle. Le suivant, officiellement est Gelett Burgess, il avait gravé le texte de Louis soi-disant destiné à Fanny sur les plaques de bronze du tombeau de R.LS. Ensuite vient Edward Salisbury Field, auteur américain, surnommé Ned. Il a une vingtaine d'années lorsqu'il tombe amoureux d'elle dans une librairie californienne et elle en a une soixantaine alors, lorsqu'elle met le grappin sur ce tout jeune homme très prometteur.

C'est récurrent chez tous les sociopathes, dès qu'ils commencent à vieillir, leurs proies sont de plus en plus jeunes.

En puisant en elles leur énergie vitale, ils ont l'impression de boire un élixir de jeunesse éternelle car vieillir, l'idée de mourir, les insupporte au plus haut point.

Tous procèdent de cette façon. Un tel écart d'âge était encore plus choquant et inhabituel au 19e siècle, mais même aujourd'hui nous sommes dans des cas de figure hors norme malgré tout.

Lloyd, le fils de Fanny après un 2e divorce officiel fera un fils à 68 ans à une jeune française, Yvonne Payerne âgé de 22 ans.

Je signale au passage que Belle, la fille de Fanny va récupérer la perle rare dénichée par sa mère. Elle est âgée de 46 ans lorsqu'elle épouse Ned Field en 1914 et lui n'en a que 36. Il est 10 ans plus jeune.

Louis et Fanny se sont mariés presque aux mêmes âges et Louis avait exactement 10 ans de moins que son épouse, tout comme Ned avec Belle.

Étrange coïncidence, l'écart d'âge est le même d'une génération à l'autre ce qui me choque encore plus, c'est qu'elle épouse son ex-beau-père 6 mois après la mort de sa mère, ce qui est juste grotesque ! Un amour sincère bien entendu complètement désintéressé, cela va de soi ! elle a tout de même attendu 6 mois... le temps de vampiriser sa nouvelle victime, tout simplement.

Je continue à dresser le ' tableau de Fanny '. Comme tous les sociopathes, elle souffre d'insatisfaction chronique.

Ça ne va jamais comme elle veut, elle cherche toujours un bouc émissaire pour passer ses nerfs et elle trouve toujours un souffre-douleur pour déverser sa mauvaise humeur, sa colère ou sa jalousie. Elle alterne, c'est cyclique. Ce sera Louis, puis son beau-fils et même sa fille et puis Louis à nouveau et le cycle infernal reprendra. C'est ce qu'elle appelle "le paradis" à Vailima, c'est "l'enfer" pour les autres.

Fanny sait enjoliver la réalité pour se convaincre et persuader le monde que ce qu'elle vit est extraordinaire. Rusée, très stratégique, le choix de ces différents amants en atteste. Elle donne des preuves de bonne foi, d'honnêteté, d'amour même mais toutes sont fausses pourtant, elles sonnent tellement vraies !

Ces créatures épousent très vite leur proie pour qu'elle ne s'échappe pas. Faire au plus vite un enfant, fait partie de la stratégie de fagotage aussi lorsque c'est nécessaire.

Fanny épouse Samuel Osbourne en 1857 et moins d'un an après, elle met au monde le premier enfant, le 2e n'arrivera que 10 ans plus tard.

Quel hasard ! Mais le hasard n'existe pas ! Et oui, il n'y avait aucune urgence à faire un 2e enfant, mais le 2e fera partie d'un autre plan machiavélique... Tous les sociopathes répondent à un mode de pensée que je qualifie d'arachnéen. Fanny et tous ceux qui sont atteints de sa pathologie, toute la communauté de la perversité narcissique, tisse une toile d'araignée et tout converge vers le centre, vers eux. Il n'y a aucune écoute de l'autre. Fanny n'entend que ses propres envies et si parfois elle s'intéresse à l'autre, c'est pour mieux le piéger et servir ses propres intérêts. Elle sème le chaos, le désordre dans les esprits pour mieux désorienter sa victime et l'affaiblir.

Elle parasite aussi le discours, y glisse quelques graines pourries pour retourner les esprits, même des plus brillants.

Paul-Claude Racamier à l'origine du terme " pervers narcissique" ajoute même qu'il fallait le voir pour le croire !

Néanmoins, un certain équilibre est visé. Les sociopathes l'appel eux-mêmes le phénomène du "mouvement de la mer". Tantôt la victime croit qu'elle est heureuse et donc au sommet de la vague et à d'autres moments, elle est au plus bas, au creux de la vague et boit la tasse.

Des tasses Stevenson, Fanny lui en a fait boire mais sa nature de sureffient amoureux de la vie, lui permettait de se dire que la situation allait s'arranger. Il pouvait donc sortir la tête de l'eau, grâce à une pensée optimiste car la pensée est créatrice.

Malheureusement avec ce genre de créature, les situations ne s'arrangent jamais puisque le but du jeu c'est de détruire l'autre, de lui voler son identité, sa vie en pénétrant son inconscient au plus profond de son être.

À l'inverse des sociopathes, Louis a un mode de pensée arborescent. C'est l'image de l'arbre : tout part de lui et il distribue, il donne dans tous les sens, il donne encore et encore... À tous ceux qui l'entoure. Il donne trop aussi... Il pense tellement aux autres qu'il finit par s'oublier, ce qui explique que l'arbre n'est pas si bien enraciné et que Louis a la tête dans les nuages. C'est quelqu'un qui pense beaucoup et qui s'évade facilement. Ce réflexe l'aide aussi à supporter l'agressivité quotidienne qu'il subit et le plaisir de donner, d'offrir lui procure beaucoup plus de joie et le maintien en équilibre.

Quand le déséquilibre s'installe parce que la cruauté de Fanny est trop violente, trop inhumaine, Louis tombe malade.

Il y a un dernier point notable chez la créature machiavélique qui n'est pas à négliger quand on veut sortir du piège mortel :

elle fait preuve d' une anticipation " hors norme".

Fanny donne l'impression d'être très intuitive, en effet, elle a toujours une longueur d'avance, une forte anticipation redoutable des comportements humains et des situations. Son regard hypnotique est souvent mentionné aussi.

Je pense que comme bon nombre de sociopathes, elle a recours à une certaine forme d'hypnose pour enjôler son monde.

Elle avoue elle-même avoir des "talents de médium".

En effet, cet aspect de la créature a son importance. Ce don lui permet de prendre le pouvoir et pour cette raison, elle suscite fascination et crainte de la part de sa famille, de ces amants et même des indigènes qui très vite ont flairé des talents de sorcière. Fanny Stevenson a bel et bien 2 visages.

Alexandra Lapierre a dévoilé la partie émergée de l'iceberg, elle a effectué un travail fabuleux et toutes les personnes qui ont lu ce magnifique portrait de famille sont tombées sous le charme. Il suffit de lire les commentaires au sujet de cet ouvrage pour comprendre que les lectrices du 21e siècle sont en extase et très envieuses de Fanny Stevenson, personnage hors pair, hors du temps...

Quant à moi, j'ai révélé la partie immergée de l'iceberg et je suis désolée de ternir le tableau de cette femme d'exception. L'imposture aurait pu durer encore longtemps, traverser d'autres siècles si je ne m'en étais pas mêlée.

Pourtant à cette époque, il y avait bien des femmes extraordinaires, de belles personnes talentueuses, artistiques, fidèles en amitié et en amour comme Rosa bonheur qui a très vite été oubliée par son pays : la France.

ROSA BONHEUR ET BY

Le château de By et Rosa Bonheur ont été mis sur ma route lors de ma visite à Grez-sur-Loing, il y a quelques mois. Un responsable culturel du village m'a vivement conseillé cette visite.

Tout d'abord, j'avais très envie de découvrir un lieu, des pièces, des objets de la même époque que Stevenson, dans une région qu'il avait parcourue et appréciée. Une immersion totale, dans une très belle demeure néogothique de la seconde moitié du 19e siècle, ayant appartenu à l'une des plus grandes artistes de l'époque, me séduisait beaucoup.

Ensuite, le fait que selon Fanny Stevenson, il était impossible de faire carrière dans la peinture pour une femme à cette époque m'intriguait.

En fait, des femmes peintres il y en avait plus qu'on ne l'imagine. La sœur de Joe Strong, Elisabeth s'est installée à Paris, lorsque Belle prenait des cours de peinture avec sa mère à Barbizon dans des ateliers privés, elle en suivait à Paris pour devenir peintre animalière de quelques renoms. Quant à son frère, il fut envoyé à Munich pour ses études artistiques, il avait un réel talent aussi.

Alors, réussir dans le monde de la peinture réservée aux hommes, c'était possible pour les femmes. Rosa-bonheur en est la preuve.

Fanny Stevenson n'a pas percé car elle n'était pas artistique. Lorsqu'elle fait le portrait de sa fille en Californie, cette dernière en pleure en voyant le résultat, une telle laideur faisait peur !

J'ai eu accès à quelques travaux de Fanny sur internet, très peu flatteur !

Alors, lorsqu'au musée des écrivains d'Édimbourg j'ai aperçu l'huile sur toile du pont de Grez-sur-Loing non signé mais selon le commentaire au mur, Fanny Stevenson en était l'artiste, j'ai retenu un éclat de rire.

Elle ne peignait pas comme ça du tout ! Ce tableau a été peint par un impressionniste de passage et Fanny l'a ramené dans une de ses malles. L'imposture en peinture ça ne passe pas !

Rosa Bonheur est née le 16 mars à Bordeaux en 1822, elle nous quitte le 25 mai à Thomery en 1899.

Cette grande dame de la peinture ne triche pas. Tous les tableaux qu'elle a signés, elle les a travaillés pendant des heures, des jours voire, parfois même des années (certains pouvant atteindre 5 mètres de long).

Elle est consciencieuse, très minutieuse et intuitive. Elle se lève aux aurores, vers 6h pour se promener dans le parc de sa magnifique demeure du château de By à Thomery entre la forêt de Fontainebleau et la Seine pour ensuite peindre pendant des heures des portraits d'animaux, des fresques entières même.

Rosalie-Marie est le fruit de la fusion de 2 artistes : Raymond et Sophie Bonheur. L'un est peintre, l'autre professeur de piano.

Auguste et Isidore ses frères feront carrière dans la peinture et la sculpture.

Juliette, sa sœur moins connue vivra de son métier : peintre animalière aussi.

Avant, les femmes peignaient des bouquets de fleurs dans de magnifiques vases, alors pourquoi cet engouement soudain pour la peinture animalière ?

Tout simplement parce qu'au 19e siècle, les zoos font leur apparition et donc un courant artistique fantastique se développe autour du portrait animalier. Rosa a baigné dans un monde d'artistes et son père l'a formée au dessin très jeune car elle refusait de devenir couturière. À l'école, elle dessinait des caricatures au lieu d'écouter sa maîtresse : sa mère lui avait donc appris à lire et à écrire et avait même confectionné un alphabet animalier en tissu !

Très jeune, elle se fait remarquer avec des copies de vieux maîtres au Musée du Louvre et réalise déjà ses premières commandes.

Le souvenir d'une enfance rurale dorée en compagnie de veaux près de Bordeaux, tranche avec cette vie urbaine et misérable qu'elle subit à Paris. Son père en est la cause, en effet ce dernier suit une vie oisive et un courant Saint-Simonien qui dégénère en secte, pendant que sa femme se tue à la tâche et coud la nuit pour nourrir ses 4 enfants. Elle en mourra et Rosa jura de ne jamais dépendre d'un homme, de gagner elle-même sa vie et d'être une femme libre.

Quand des auteurs qualifient Fanny Stevenson de femme libre, ces mots me font sourire...

Elle n'a jamais gagné sa vie, elle a été entretenue par ses maris successifs et ses amants. Elle devient libre à la mort de Robert Louis Stevenson, en plaçant son héritage : l'argent du succès de son époux !

Quelle belle liberté gagnée !

Rosa va très vite connaître la gloire dans son atelier parisien, rue d' Assas pour de nombreuses raisons :

Tout d'abord, c'est une jeune femme courageuse, motivée qui a été sérieusement formée.

Elle est déterminée et bien ancrée, vit dans le moment présent, ici et maintenant. Elle a confiance en elle et une grande estime d'elle-même, perfectionniste elle va très loin dans ce goût affiné de la précision, puise son énergie dans la nature et dans les relations humaines. L'amitié et la fidélité jouent un grand rôle dans sa vie, tout comme l'amour qui est la source d'énergie la plus élevée sur cette terre. Dans sa quête de perfection, elle ira jusqu'à porter le pantalon pour se rendre dans les marchés aux bestiaux et prendre des notes minutieuses sur l'articulation des membres des animaux, dans leurs différents mouvements. Les vétérinaires d'aujourd'hui s'y réfèrent encore.

À la mort de son père, elle sera adoptée par la famille Micas et sera protégée par l'amour de leur fille Nathalie.

Rosa se sentira guidée toute sa vie par l'énergie de sa mère et celle de Nathalie Micas, dans laquelle elle retrouvait la féminité maternelle.

En 1860, elle emménage au château de By pour s'éloigner des mondanités parisiennes et rechercher aussi le calme pour pouvoir travailler comme elle l'entend, sans être dérangée avec sa famille d'adoption.

À son arrivée dans la région des artistes, Rosa est déjà célèbre, elle a acquis toute seule sa propriété, gagne très bien sa vie, grâce à un agent qui lui permet très vite de vendre à l'étranger. Tout d'abord en Angleterre où elle rencontrera la reine Victoria, ravie de constater qu'une femme peut être particulièrement douée en portrait animalier. Puis très vite, ses toiles partiront Outre-atlantique où elles se vendront des sommes colossales.

Eugénie, impératrice des Français, femme de Napoléon 3 viendra remettre en personne avec sa cour, La Légion d'Honneur à Rosa bonheur alors qu'elle était en train de peindre dans son atelier salon, le 15 juin 1864.

Cette pièce de vie, un atelier fantastique avec une hauteur de plafond d'au moins 8 mètres, offre une très belle lumière grâce à la verrière sur l'entièreté d'une façade. J'ai pu visiter cet endroit en septembre dernier, il est fabuleux. Les 2 piliers de la cheminée ouverte sont les grands chiens chéris de Rosa, sculptés dans la pierre par l'un de ses frères. Tout peintre rêverait d'un endroit pareil pour travailler. Des animaux empaillés étaient visibles ainsi que la dernière toile inachevée des Chevaux Sauvages au Galop posés sur un chevalet.

La méthode de travail de la grande dame était perceptible : le fond et les sujets étaient peints presque simultanément. L'importance du mouvement, l'harmonie des couleurs et l'emplacement des contacts des sabots ont leur importance car contrairement à certains peintres, ici ce sont de vrais animaux qui tiennent debout sur la terre ferme. Lou, la fille de l'actuelle propriétaire Catherine Brault qui a choisi de redonner vie à cette demeure, nous fait visiter le bureau et également la salle d'études qui regorge d'esquisses. Avant d'entamer un tableau, Rosa faisait quelques dizaines d'études au fusain pour pouvoir ensuite se lancer sereinement.

Tout le mobilier est de l'époque de Stevenson aussi. En bois massif, de couleur foncée, il est souvent sur roulettes. Des meubles qui ont une histoire, une âme...

D'ailleurs, lorsque Rosa fait un portrait, c'est avant tout, celui d'une âme, celle d'un humain ou d'un animal, en effet à ses yeux il n'y a pas de différence.

Sa renommée n'est plus à faire, elle est connue et reconnue de tous.

Rosa est sensible aux honneurs mais c'est une femme du peuple, même si elle a très certainement du sang Royal par sa mère. Elle n'a pas d'affiliation politique, elle plaît partout. Aussi bien dans le monde agricole où elle fait la promotion des races bovines françaises en envoyant ses tableaux en Amérique, que dans la société mondaine où elle peint des portraits d'une grande authenticité. Rosa est mondialement connue lorsque R.L.S écrit à son cousin Bob le 17 décembre 1873 depuis Monaco.

Dans cette lettre, il évoque une remarque de son ami Colvin au sujet de l'impératrice. Cette dernière avait apprécié les percherons de Rosa Bonheur, ces magnifiques chevaux de traits blancs et en voyant la baigneuse du peintre Courbet, Eugénie s'était demandé :

« Est-ce aussi une percheronne ? »

Il faut bien admettre que la musculature de la femme chez Courbet avoisinait celle d'un animal. Louis se moque du peintre mais ne fait aucune allusion à la qualité du travail de Rosa Bonheur. Une femme peintre ça dérange, de plus une femme libre qui peint et gagne sa vie comme un homme, ça dérange encore plus... surtout qu'elle ne fait aucune différence entre les sexes.

Pour Rosa, l'amour est partout dans la nature. Jamais elle n'affiche son orientation sexuelle car elle sait que les hommes ne comprendraient pas et qu'elle détruirait sa carrière d'artiste. Elle ne revendique rien, vit simplement en femme libre. L'amour de sa mère et celui de Nathalie Micas l'ont guidée telle l'Étoile du Berger.

Aujourd'hui encore, de nombreuses personnes ne peuvent admettre que l'amour est partout et que même après la vie cette énergie persiste. Rosa, comme les grands hommes, reposent au cimetière du Père-Lachaise avec ses amies fusionnelles Nathalie Micas et l'américaine Anna Klumpke.

Le patriotisme a toujours habité les propriétaires du château de By. La belle énergie n'a jamais quitté les lieux. Les œuvres sont données par Anna à l'État français pour être exposées.

Ensuite, la famille Fabre va conserver le domaine intact après Anna Klumpke et baissera le prix du domaine d'un million d'euros pour qu'il demeure propriété française alors qu'un acquéreur japonais était preneur.

En 2017, grâce à ce geste, Catherine Brault a pu réunir la somme pour devenir la nouvelle propriétaire amoureuse des lieux et de l'artiste, pour rétablir le mérite qui lui est dû.

Ce sont à mon goût les chevaux de Rosa Bonheur qui me touchent le plus ainsi que des portraits d'ânes également, plus que Le Labourage Nivernais, le portrait de Buffalo-Bill ou Le Marché aux Chevaux. Je retiens en mémoire La Cavalcade de Chevaux Sauvages inachevée, où le romantisme prend le pas sur la virilité de l'artiste.

C'est à mes yeux son œuvre la plus moderne, du fait de ses couleurs et son mouvement, son aspect inachevé la rend intemporelle et laisse une grande liberté à l'imaginaire.

Aujourd'hui plus de 2000 œuvres de Rosa bonheur ont été répertoriées dans le monde. L'artiste est vénérée en Angleterre, aux États-Unis et presque oubliée en France

Rosa a davantage touché les Britanniques avec ses chevaux, animaux adulés et considérés comme des membres de la famille à part entière en Grande-Bretagne.

Aux États-Unis, au 19e siècle avec la conquête de l'Ouest, le cheval incarnait la liberté, la découverte de nouveaux territoires, alors ses œuvres ont été accueillies à bras ouverts.

L'artiste portraitiste vit toujours, car les studios Disney se sont inspirés des peintures de Rosa Bonheur pour créer Le Roi

Lion et le musée d'Orsay vient de racheter des œuvres de la plus grande peintre animalière de tous les siècles.

Marie Joelle Cédat, peintre animalière me confiait au Game Fair de Chambord : "Rosa Bonheur est notre mère à toutes ", à toutes les artistes-peintres éprises de Nature, d'Amour et de Liberté. À mon avis Marie-Joëlle Cédat est l'artiste peintre qui incarne la continuité du travail de Rosa Bonheur. La vénerie fait partie du monde animalier et si Rosalie Marie avait eu un enfant, Marie-Joëlle aurait pu être sa descendance, son arrière-petite-fille.

Aux vues des œuvres de cette artiste, Rosa Bonheur avait raison, les animaux possèdent une âme, visible dans leur regard, il n'y a pas l'ombre d'un doute !

L'artiste du 19e siècle s'est toujours sentie plus à l'aise avec le monde animal, plus en sécurité qu'avec les humains même si elle avait quelques amis sincères.

L'animal ne trahit jamais et il possède une fréquence vibratoire nettement supérieure aux humains. Aussi, c'est dans cet écrin de verdure, au bord de la forêt de Fontainebleau dans ce petit Royaume, au Château de By, au milieu des moutons, cerfs, chevreuils, chevaux et jeunes lions que Rosalie Marie Bonheur a trouvé le bonheur et puisé la source de son inspiration.

D'autres pièces seront ouvertes au public dans les 3 prochaines années, remplies de nouveaux trésors chinés dans le grenier et le monde entier.

Peut-être sera-t-il possible d'accéder aux toits terrasses au sommet du pigeonnier pour jouir de la vue imprenable sur la forêt et la vallée. Vue magnifique que Rosa Bonheur savourait chaque jour à sa juste valeur.

FANNY ET LA MÉDIUMNITÉ

À la vue du parcours de Rosa Bonheur, le talent artistique féminin pouvait se frayer un chemin dans un monde masculin.

Fanny n'a pas poussé cette porte car elle n'avait pas de potentiel sur cette voie. Elle affine un domaine dans lequel elle excelle : l'art divinatoire où son intuition est épaulée par des flashs télépathiques, en effet elle-même se reconnaît des talents de médium.

Alexandra Lapierre dans son roman sur Fanny Stevenson débute son chapitre 9 avec un poème de Louis pour caractériser sa femme, appelée Tamaitai par les indigènes :

' L'étrange femme ' qui me fait inévitablement penser à "L'Étrange Cas" du Docteur Jekyll et Mr Hyde.

Si vous ne vous entendez pas avec elle,

Ce sera bien dommage

Pour vous et le plaisir de votre visite.

C'est elle qui mène la danse (…)

Une amie violente, une ennemie redoutable (…)

Et toujours haïe, ou platement adorée ; indifférence impossible.

Les indigènes la croient ensorcelée

Et pensent que les esprits lui obéissent

A des visions et des rêves prémonitoires.   R.L.S

Déjà, se profile la femme aux 2 visages qui impose le pouvoir par la peur mais au-delà, des talents de médium, magnétiseuse, rebouteuse ou naturopathe se dessinent.

Tout d'abord, cette étrange dame ne côtoie que des personnes prometteuses car elle connaît leur futur parcours, leur destin, dès les premières heures en leur compagnie. En effet, elle sait à l'avance si une personne aura un bel avenir ou pas. Elle n'a pas choisi Louis au hasard dans ' la caserne d'artistes ' à Grez-sur-Loing, elle a flairé celui qui deviendrait célèbre dans le monde entier, celui qui valait de l'or.

La suite de l'histoire en atteste, elle a effectivement bien misé sur le cheval gagnant qui rapporte encore des millions à ses descendants.

Pour revenir à ces talents de médium, je pense qu'en effet les indigènes sont sensibles aux énergies subtiles. Ils ont sans l'ombre d'un doute, rapidement su qu'elle avait une certaine maîtrise dans ce domaine. Ils la craignent et la qualifie de sorcière car elle utilise la magie noire, non pas la magie blanche, pour parvenir à ses fins.

C'est bien l'esprit malin qui lui vient en aide pour faire le mal et se venger, elle est donc crainte à juste titre car elle a le pouvoir de faire le mal et les dégâts peuvent être irréparables !

Pour cette raison, les indigènes la craignent et la respectent. Elle confie également certains de ses "flashs télépathiques" à Louis et se reconnaît des talents de médium.

En effet, dans un rêve, elle a aperçu Charles Baxter portant un long manteau d'hiver, jeté de colère un journal par la fenêtre d'un train. Un peu plus tard Louis découvrira que son ami Baxter s'était reconnu dans un personnage de feuilleton qu'il avait fait paraître dans un journal et que ce dernier n'avait pas apprécié les traits de caractère que Louis lui prêtait. Il était bien dans un train, il avait froid dans un long manteau d'hiver et avait jeté le journal par la fenêtre du wagon, de rage...

Il se trouvait en Angleterre et en voulait à l'écrivain à cet instant précis, de l'avoir utilisé dans son personnage Michael Finsbury dans " The Wrong Box ".

Il est indéniable que Fanny a des rêves prémonitoires, des flashs télépathiques, ainsi que des rêves lucides ou rêves éveillés.

Lorsque Bob (Robert Alan Mowbray Stevenson) Le cousin et meilleur ami de Louis essaie de l'extraire des tentacules de sa femme, lorsqu'ils habitent dans le sud de la France, la tentative se soldera par un échec car Fanny, sans aucun indice matériel va retrouver les 2 cousins près de Marseille au bout de quelques jours seulement pour ramener Louis à la maison !

Moi aussi j'étais très sceptique lorsque j'entendais parler de magnétisme et pourtant dans une émission, j'ai découvert que la CIA qui est tout de même un organisme sérieux, faisait appel aux magnétiseurs pour retrouver une personne disparue car les agents la retrouvaient beaucoup plus rapidement grâce à leur aide. Effectivement ce don me laissait perplexe et pourtant il était bien réel.

Fanny avait effectivement des visions qui lui permettaient d'affiner son intuition et d'avoir toujours une longueur d'avance sur ses ennemis. Cette force redoutable était renforcée par des talents de guérisseuse.

En effet, même à Samoa, elle se faisait livrer les dernières nouveautés médicamenteuses de Californie. Il faut bien rappeler qu'à cette époque, l'opium était en vente libre en pharmacie pour soulager la douleur. Madame Stevenson avait un panier dans lequel elle avait toutes sortes de fioles, une véritable armoire à pharmacie qui lui permettait d'épauler ses talents de guérisseuse car le magnétisme sert aussi à guérir en intervenant sur des centres énergétiques bloqués, pour les déverrouiller et faire circuler correctement les énergies dans le corps. Grâce au magnétisme bien utilisé, les douleurs peuvent effectivement disparaître après une intervention bienveillante ciblée. Certaines drogues peuvent également aider à voir des plans subtils non perceptibles en temps normal pour obtenir des informations retenues, cachées par notre inconscient. Elles peuvent donc avoir une utilité dans la compréhension de certaines données. Il est indéniable que les médiums pouvaient y avoir recours. Les chamans en utilisent bien aujourd'hui pour voyager dans d'autres plans subtils alors je pense qu'en vente libre, il était donc très facile de s'en procurer au 19e siècle et il semblerait que dans son panier Fanny, gardait une place toute particulière à ses drogues...

Madame Stevenson savait doser et utiliser le magnétisme pour faire le mal mais aussi pour faire le bien, le but du jeu était pour elle de trouver un juste équilibre pour être crainte mais aussi forcer le respect car l'image qu'elle renvoyait à la société devait être celle d'une grande dame qui devait impressionner et être enviée des autres femmes.

Elle y parvient même après avoir quitté cette terre puisque toutes les femmes du 3e millénaire qui lisent sa biographie écrite par sa sœur rêvent de lui ressembler !

Elles sont admiratives et envieuses :

Quelle femme !

Quel tempérament !

Quel magnétisme !

LE POUVOIR DES ÉNERGIES SUBTILES

Conscients ou non, nous sommes tous protégés par de fines couches d'énergie autour de notre corps. Son contour s'appelle l'Aura. Quand on les maîtrise, il est possible de les renforcer ou de les faire disparaître car : la pensée crée.

J'ai mis 15 ans à le comprendre et à l'accepter alors j'imagine que cette remarque puisse être difficile à digérer.

Après 20 ans de cours de yoga, je ressens les énergies et je les vois lorsque je ferme les yeux, que je me concentre et suis détendue en pleine nature. Quand une personne n'a pas conscience de ces phénomènes, une autre personne expérimentée ou non peut décharger quelqu'un d'autre.

Par exemple, si une personne est malade et qu'elle est alitée, elle va perdre de l'énergie et ne pourra pas se recharger seule naturellement avec le soleil, la lumière, une alimentation riche et variée, de l'amour, de l'amitié..., donc si vous lui tendez la main, elle va tout naturellement vous prendre de l'énergie et se recharger directement sur vous, ensuite vous vous sentirez fatigué sans raison apparente et vous vous rechargerez naturellement en quelques jours.

Les prélèvements énergétiques peuvent se faire à distance, les personnes expérimentées sont capables de prélever des énergies jusqu'à 8 à 12 mètres, il leur est donc possible de voler de l'énergie sur une personne qui se trouve à l'autre extrémité d'une pièce.

Ces personnes sont capables de désancrer quelqu'un, de le déraciner.

Une personne équilibrée aura les pieds sur terre et un imaginaire raisonnablement dosé alors qu'une personne désancrée aura la tête dans les nuages, elle sera constamment dans un monde imaginaire et jamais là dans le moment présent, de plus, son centre de gravité sera plus bas, elle sera donc moins stable.

Lorsque les énergies circulent bien dans un corps en bonne santé et un esprit libre, tout va bien. Ce sont les émotions négatives qui vont venir perturber le bon fonctionnement et l'équilibre en bloquant des centres énergétiques.

Certaines personnes vont inconsciemment ou non retrouver un équilibre en se ressourçant dans la nature (magie blanche) d'autres se tourneront vers de belles personnes pleines d'intentions positives, le sport, la connaissance (les lectures, musées...conférences, voyage...)

Et puis il y a les personnes qui maîtrisent les flux énergétiques, celles-ci peuvent recharger une personne avec l'énergie de l'univers (ils ne servent que de vecteurs, ils sont comme un lien entre les 2 pour recharger quelqu'un qui a besoin de cette énergie au plus vite pour des raisons diverses : maladies énergétivores, dépression, vol aérien, opération... Vol d'énergie subtile...

Je me suis rendue chez un magnétiseur, j'étais très fatiguée par des événements de la vie, il m'a réancrée en se plaçant à moins de 2 mètres de moi car il estimait que je n'étais pas assez ancrée, aussi j'ai pu ressentir les 2 boules de pétanque qui montaient et descendaient dans mes jambes. Le magnétiseur voulait faire une démonstration de ses capacités : il m'a donc désancrée en remontant les 2 boulets dans le haut de mes cuisses, ensuite avec sa main il m'a poussée doucement et j'ai immédiatement perdu l'équilibre. Très vite il m'a ré-ancrée en faisant descendre les 2 boules de pétanque dans mes pieds et là je pesais une tonne.

Il m'a poussée de sa main mais là j'étais solide comme un roc, indélogeable. Le gros problème c'est que si cet équilibre est la norme, ce n'est pas le mien, je n'ai pas pu écrire pendant 3 mois après cette visite car trop ancrée, trop les pieds sur terre, il m'était donc impossible de rédiger !!!

Certaines personnes, comme Fanny et beaucoup d'autres, ayant une maîtrise des énergies, peuvent ancrer et désancrer quelqu'un à leur guise ! Il est possible de contrer le phénomène si on ne fait pas confiance à la personne en maintenant les couches énergétiques de protection verrouillées autour de son corps.

Le phénomène est naturel et peut être renforcé consciemment par l'esprit, la volonté.

Fanny Stevenson sait également chercher l'information au niveau du front (3e œil) ou un peu au-dessus (chakra coronal), elle fouille dans l'inconscient et sent la souffrance ou le bonheur. Elle peut provoquer la colère, la jalousie et s'en nourrir. Elle sait aussi lorsqu'elle est allée trop loin, qu'elle doit s'arrêter, c'est le phénomène de la vague et lorsque la proie est dans : ' Le creux de la vague ' (nom donné à un roman par Stevenson, comme par hasard…), il faut la laisser respirer pour qu'elle reprenne des forces, qu'elle retrouve de l'énergie et puisse retourner au sommet de la vague, ressourcée. À cet instant, Fanny va à nouveau puiser l'énergie, la voler dans la plus grande discrétion, raisonnablement, cela va de soi pour ne pas abandonner sa victime sur le carreau et laisser des traces du prélèvement d'énergie.

Cette grande dame peut donc jouer avec la santé physique et mentale de toute personne qui lui fait confiance. Des preuves d'honnêteté elle peut en donner des tonnes, des preuves d'amour aussi car en manipulation mentale elle est championne du monde !

Attention, tout magnétiseur a le même pouvoir que Mme Stevenson, il doit prélever l'énergie négative mais ne doit pas toucher à l'énergie vitale !

Il existe des guérisseurs qui ne sont pas éthiques du tout, ils vont faire le bien dans un premier temps pour gagner la confiance de leurs patients mais par la suite, le pseudo thérapeute va procéder à du vol d'énergie et se fera payer par sa victime par-dessus le marché !!!

Lorsque la confiance a été établie, des informations précieuses sont transmises par télépathie par l'inconscient, également par les rêves...

Des filaments invisibles vont relier des êtres entre eux. Les informations récoltées pourront aller dans les 2 sens, sauf si une des 2 personnes sait poser un système "anti-retour" pour ne pas divulguer d'informations privées à l'autre, sur sa personne.

Ces filaments, s'ils ne sont pas coupés, détruits par le mental, l'esprit, peuvent vivre éternellement. Ils peuvent même être réactivés des décennies plus tard, ils seront toujours actifs, même à des millions de kilomètres. C'est le principe de la vampirisation.

Ce pouvoir est méconnu encore aujourd'hui, par bon nombre de personnes mais au 19e siècle, il était totalement ignoré par les victimes et pour cette raison, elles étaient vulnérables et en danger même à l'autre bout du monde.

Ces connexions télépathiques entre les personnes étaient matérialisées autrefois dans les livres anciens de médecine, de magie, par des lignes courbes en pointillés.

Ces arcs formés de tirets rejoignaient le sommet de la tête d'une personne vers celui d'une autre personne.

Aujourd'hui encore ces phénomènes font sourire car la magie, c'est n'importe quoi ! Une croyance, une pure invention !

Pourtant c'était la médecine d'autrefois...

Alors les personnes qui maîtrisent les énergies subtiles ça les fait sourire aussi car lorsqu'ils s'en servent avec malveillance pour détruire l'humanité, presque personne ne comprend et comme rien n'est visible à l'œil nu, ils font le mal en toute impunité.

Ils se sentent forts, car bien sûr, ils ont pris soin de soigner leur image sociale auparavant et se trouvent placés en dessous de tout soupçon... c'est magique, personne ne voit rien à part les sureffients qui ont survécu à l'empoisonnement, mais qui les croirait ? Il n'y a personne pour les entendre alors ils étouffent et pour sortir de cette asphyxie, ils écrivent la vérité en la déguisant, en modifiant des noms de lieux, de personnes pour ne pas être traîné en justice !!!

À la fin de ma séance chez le magnétiseur, j'avais une photo de Stevenson, un portrait de Louis, un an avant sa disparition et je l'ai tendue au thérapeute pour qu'il me dise ce qu'il voyait, ce qu'il sentait. Il s'est concentré sur les yeux de Stevenson je pense ou le haut de sa tête. Il était comme en transe et ramenait des plis de son crâne vers son front et là, pour la 2e fois de ma vie, je voyais comme des fentes dans ses yeux à la place des pupilles, comme on peut le voir sur certaines représentations de vampires, comme dans le regard de l'ange blanc de mon premier livre !

Voici les renseignements qu'il a pu lire dans le regard de l'écrivain :

« C'est quelqu'un de très naïf, trop gentil, il a dû beaucoup se faire avoir dans la vie... C'est un enfant dans le corps d'un adulte... vous voyez ce que je veux dire ? »

« Oui. »

« C'est qui ? »

« C'est Robert Louis Stevenson. »

UNE VÉRITÉ BIEN CACHÉE

Depuis 2017, une force, une énergie me guide vers des informations, les indices sont placés sous mes mains et les personnes qui peuvent m'aider sont mises sur ma route comme si les pièces du puzzle étaient régulièrement données. Une sorte de jeu, dans lequel une carte nouvelle m'est confiée, pour me permettre de comprendre et d'avancer.

Julian Bukits a repris ses recherches sur Stevenson pourtant il avait dit qu'il s'arrêtait mais tout comme moi, une force nous pousse à découvrir une vérité bien cachée, dissimulée depuis la nuit des temps, comme s'il y avait une urgence à la révéler.

Je ne sais pas si mon ami écossais rencontre le même problème que moi, mais depuis 3 ans une énergie antagoniste très négative, fait tout pour m'empêcher d'avancer aussi : des problèmes familiaux, relationnels et matériels tentent de mettre un terme à mes recherches en m'accaparant et me privant du temps précieux qui m'est nécessaire pour avancer.

Régulièrement aussi des sociopathes sont mis sur ma route au travail et dans ma vie privée pour m'empêcher d'évoluer, néanmoins je lutte et parviens à dépasser ces obstacles pour reprendre mes recherches et écrire.

C'est très étrange, mais lorsque je lis ce passage de Dr Jekyll and Mr Hyde :

« Lorsque ceci tombera entre vos mains, j'aurai disparu. » Je me rappelle que Louis avait bien précisé qu'il fallait être intime et vraiment connaître sa vie pour décoder entre les lignes ce qui s'y cache, le véritable message qu'il souhaitait transmettre.

Depuis 2017, je suis convaincue que Stevenson condamnait la perversité narcissique, ce sont les sociopathes qu'il vise à travers son grand chef-d'œuvre Jekyll /Hyde.

Je suis persuadée que les dernières découvertes de Julian Bukits prouvent qu'Henry Jekyll, c'est James Tunny le célèbre photographe qui a assassiné ses femmes dans la plus grande discrétion. Il y a effectivement des allusions à un autre sociopathe français enseignant à l'université d'Édimbourg, qui lui sera puni et exécuter en 1878 pour l'empoisonnement de sa femme.

Il faut lire ' A Preminilary Analysis of The enigma that is Strange Case of Dr Jekyll and Mr Hyde ' pour comprendre.

Quand Stevenson écrit : « C'est ici et maintenant que je meurs vraiment et la suite concerne un autre que moi. C'est ici donc, au moment où je pose ma plume et m'apprête à sceller ma confession, que je mets un terme à la vie du malheureux Henry Jekyll. »

C'est R.L.S qui signe son propre arrêt de mort car dans ce roman, il révèle les actions du sociopathe Tunny, donnent la preuve de sa culpabilité et le condamne mais ce dernier est si bien protégé par les différents pouvoirs politiques, religieux, militaires que Louis met sa propre vie en danger.

Richard Le Galienne, membre du célèbre club littéraire The Rhymer' Club parle de " fuite " à Samoa. Louis va fuir très loin, à l'autre bout du monde car tous les partisans des sociopathes sont pugnaces et ne les épargneront pas. Lorsque cette citation tombera entre vos mains j'aurai disparu.

Hélas la vérité n'éclatera pas, elle va être étouffée... nous comprenons aujourd'hui... Louis a disparu mais je sens son énergie si proche de moi.

En quittant l'Écosse, Stevenson croit être en sécurité. Dans la jungle de Samoa il est persuadé de ne courir aucun danger, malheureusement il est cerné par la violence perverse mais n'en a pas conscience. Le piège se referme tout doucement, très lentement sur lui, pourtant il croit être maître de son destin et avoir choisi cette île lointaine. En réalité c'est Fanny qui a élu cet endroit loin de l'écosse, de l'Angleterre et de l'Amérique. C'est elle aussi qui l'a conduit là-bas, loin de ses amis, en dehors du cercle littéraire. Ce lieu plutôt bien desservi malgré tout, elle l'avait même choisi avant d'épouser Louis lors d'une conversation avec un artiste voyageur en Californie.

Madame Stevenson a amené Louis exactement à l'endroit qu'elle souhaitait en attendant la gloire de son époux.

Bien sûr, Stevenson est convaincu d'avoir fait ce choix, il pense avoir eu cette totale liberté, car la subtilité du jeu machiavélique est de faire croire à la victime, qu'elle est profondément libre de ses choix, pleinement maître de son destin.

STEVENSON ET LA CALIFORNIE

En janvier 2017, au tout début de ma sortie d'emprise, j'ai éprouvé le besoin de décrire le sociopathe pour qu'il soit identifiable. J'ai fait l'effort de synthétiser les caractéristiques du P.N (pervers narcissique) et sur un post-it rose, j'ai écrit ceci :

- Un égo surdimensionné
- Une cruauté perverse illimitée
- Une créature primitive

Aussi, lorsque dans le premier ouvrage qui est mis sur ma route :

ROBERT LOUIS STEVENSON LA DUALITE INCARNÉE de JEAN GROFFIER, je découvre les paroles de Catharine Durham Osbourne, L'ex-femme de Lloyd quand elle accuse cette famille :

"Fanny, Lloyd and Belle had primitive natures…love of cruelty, egotism and perverseness…" p.65

"Fanny, Lloyd et Belle avaient des natures primitives, l'amour de la cruauté, de l'égoïsme et de la perversité."

Tout comme moi, elle dénonce exactement les mêmes traits de la maladie psychiatrique, ce spectre du comportement méconnu au 19e siècle.

D'ailleurs dans mon livre " LES ANGES BLANCS " je me souviens avoir écrit qu'ils ont l'amour de la haine et la haine de l'amour…Catharine me rejoint encore car elle parle de " l'amour de la cruauté ". Bien sûr elle n'invente rien, elle a subi leurs turpitudes pour décrire le machiavélisme de ces 3 individus.

Il est évident que la personne qui a rédigé ces accusations a été victime de perversité narcissique. Elle accuse Lloyd Osbourne, Belle (Isabelle) Strong Osbourne et Fanny Stevenson Osbourne Van De Grift d'être des monstres en puissance et celle qui tient de tels propos, c'est katharine Durham, l'ex-femme de Lloyd Osbourne.

À l'époque elle passe pour une fabulatrice : évidemment une belle fille qui ne peut pas voir sa belle-mère, c'est classique. Très vite ses paroles sont écrasées et transformées en calomnie. Comment ose-t-elle toucher à la grande dame, la femme de Robert Louis Stevenson en personne !

Samoa a été un véritable enfer pour cette jeune femme où les machiavels se sont acharnés sur sa personne. Elle est parvenue à s'échapper du piège avec ses 2 enfants, crie la vérité mais personne ne l'entend. Des années plus tard, elle décide de rendre hommage à Louis Stevenson et écrira : "R.L.S in California". Volontairement, elle va évincer les 3 parasites qui ont volé la notoriété de l'écrivain et qui se sont appropriés son génie. Catherine Durham évoque à peine l'existence des 3 monstres dans la vie de l'artiste et pour eux c'est la pire des punitions : l'ignorance.

Elle met en valeur l'artiste qui voit de la vie même en plein désert et nous transmet des images colorées, fraîches et pleines d'amour. Il savait qu'il était conscient de son talent, qu'il avait une mission et de grandes responsabilités. Fidèle en amour et en amitié, il ne se détourne jamais de ces 2 valeurs. Jules Simoneau l'aubergiste qui lui sauve la vie à Monterey refusera jusqu'à sa mort de vendre les lettres écrites par Louis. L'artiste donne beaucoup d'amour autour de lui et il a aussi de vrais amis que l'argent ne peut acheter.

Stevenson a des facilités pour s'intégrer à la population parce qu'il s'intéresse au bien-être des personnes, parce qu'il aime l'humanité plus que lui-même. Besoin constant de découvrir, de comprendre, d'admirer des lieux, des situations, des personnes différentes. Son esprit en ébullition permanente, lui permet d'apaiser sa solitude, même s'il aime aussi être seul. Les beautés qu'offrent la nature apaisent sa tristesse. Dans son roman "l'île aux trésors", Louis réinvestira des scènes de Monterey car il s'en était imprégné.

En réalité, ces romans racontent sa vie pour celui qui sait lire entre les lignes. Il donne envie de découvrir San Francisco quand il décrit la ville comme une fusion de toutes les grandes villes du monde où toutes les langues peuvent être entendues, venues de toutes les nations, c'est un endroit où tout étranger se sent chez lui. Il désigne le quartier chinois comme étant le plus romantique même si la quête de l'or a fait émerger des quartiers dangereux. Les armes sont interdites mais la loi n'est pas respectée, des coups de feu peuvent donc retentir à tout moment. Louis insiste sur les contrastes de cette ville qui possède énormément de richesses et de pauvreté. Il décrit San Francisco, comme un lieu à part et mystérieux avec des rues interminables, des collines et des vallées démesurées avec une vue sur l'océan d'une beauté infinie. À San Francisco, Louis a rencontré le couple Williams fondateur de l'école d'art de Californie. Les Osbourne y avaient pris des cours de peinture avant de partir en Europe.

Madame Williams se souvient d'un après-midi passé en famille en la compagnie de Louis, en promenade au bord de la côte et le décrit comme quelqu'un plein de vie et d'humour, sportif et gai, au point de leur avoir fait oublier la pluie et le froid.

En revanche avec les membres du Club Bohémien dans lequel Louis avait été introduit par Virgil Williams, il ne communiquait pas et s'enfermait dans son livre.

Stevenson peut être extraverti ou introverti comme tous les sureficients. Cela dépend s'il se sent bien ou non, au sein d'un groupe. Il lui faut aussi un peu de temps pour prendre ses marques et la température des lieux et quand des personnes ne sont pas sympathiques, il ne se force pas et préfère s'isoler, lire et ne pas perdre son temps avec des gens qui n'en valent pas la peine. Dans ce club, il apprécie les juges Rearden , John Boalt et Charles Warren Stoddard professeur et auteur qui a donné l'envie à Stevenson des années auparavant d'embarquer dans les mers du Sud.

C'est dans les Highlands, en Suisse et à Hyères dans le sud de la France, qu'il terminera d'écrire " Silverado Squatters" inspiré par la découverte de nouveaux territoires, de nouvelles variétés d'arbres, parmi les séquoias sur les pentes du Mont Sainte Hélène qui revivent, après le départ des chercheurs d'or et des villages abandonnés près des mines.

Je découvre plus de détails sur la ' lune de miel 'dans la mine désaffectée de "Silverado". En réalité, le couple cherche un endroit où habiter à moindre frais, un lieu bohème et romantique. C'est dans les anciens cabanons des mineurs qu'ils vont élire domicile avec des planchers traversés par les chênes et ils ont avec eux, le jeune fils de Madame Stevenson, âgé de 12 ans seulement. Cette vie convenait parfaitement à Louis mais elle ne pouvait durer qu'une saison. Une lettre d'Édimbourg de son père et sa mère le prie de rentrer au pays, avec sa femme et son beau-fils.

Presque un an jour pour jour, Louis quitte San Francisco en passant par New York, le 17 août 1880. Il reviendra à San Francisco juste avant le grand départ pour les îles du Pacifique. Il n'aura passé qu'un an en Californie, mais ce pays a adopté Stevenson et le considère encore comme un fils du pays qui a mis à l'honneur cette partie de l'Amérique.

Catherine Osbourne, dans son œuvre a rendu un très bel hommage à Robert Louis Stevenson. Elle nous montre combien la sensibilité de l'artiste a mis en lumière la région et insiste sur sa perception affinée de la nature et des hommes car comme lui, je pense qu'elle ressent ce qu'il a pu percevoir et surtout, elle sait ce qu'il a vécu.

Louis est un homme enfant, c'est donc avec la maturité du poète et l'âme d'un petit garçon qu'il met en mots ce qu'il voit, ce qu'il entend et ce qu'il ressent. C'est pour cette raison que ses écrits sont d'une grande beauté et s'ils ont traversé les siècles, c'est parce qu'ils touchent une grande partie de l'humanité. La belle fille de Fanny possède une grande sensibilité, elle aussi et se devait de rendre hommage au grand homme à défaut de pouvoir dire la vérité. Elle avait bien compris qu'elle était seule contre tous et qu'elle passerait pour une fabulatrice. Aussi, elle a éprouvé le besoin de s'immerger dans sa vie au temps où il était en Californie, pour retrouver sa bien-aimée. L'autrice ne fait que très peu allusion au beau-fils âgé de 12 ans à l'époque, qui n'est autre que son ex-mari et Fanny son ex-belle-mère.

Elle raconte Stevenson et la Californie en gommant la famille car je pense qu'elle ne souhaite pas les mettre en avant. Elle joue la carte de l'ignorance, ils sont donc à peine évoqués. Tout d'abord, parce qu'elle ne veut pas déverser sa haine sur des personnes qui s'en réjouiraient et s'en nourriraient et surtout pour les réduire à un second plan pour ne pas qu'ils profitent et utilisent tout ce qui caractérise Robert Louis Stevenson. Elle refuse de les associer, à une personne douée d'une sensibilité hors norme car si elle le faisait, ils seraient perçus comme étant de belles personnes, pleines de lumière et voleraient à Louis des qualités qui ne leur appartiennent pas, aussi Catherine n'y tient absolument pas. Ils ne méritent pas de se fondre dans l'histoire de Louis. Possible aussi qu'elle aurait été censurée si elle avait écrit la vérité.

Il y a un document, une photo inédite qu'elle a intégré à son travail. Cette photographie m'interpelle car Louis a le visage bouffi par la drogue ou l'alcool ou les deux, en fait je ne sais pas.

Il est évident qu'il n'est pas bien. Il a sans doute des peurs importantes et l'adolescent qui dort en lui cherche des réponses, à toutes les questions qu'il se pose en permanence.

Ce portrait qui n'a jamais été montré auparavant témoigne du mal-être de Louis qui après ce voyage en Californie pour épouser Fanny aura une santé qui va terriblement se dégrader et un déséquilibre, lié à son état psychique et émotionnel va devenir cyclique.

En effet, les prélèvements énergétiques quotidiens qu'il va subir de 1888 à sa mort sont très importants puisqu'ils sont effectués par 3 personnes différentes simultanément.

LES 3 MACHIAVELS

Il est temps de dévoiler les 3 Machiavels.

J'ai beaucoup fouiné dans la vie de Fanny et un peu dans celle de sa mère car c'est d'elle que Fanny tient sa maladie psychiatrique : la perversité narcissique. Il semblerait qu'il n'y ait pas eu de choc émotionnel majeur dans sa petite enfance, à l'exception peut-être de la mort de l'aîné de la famille avant la naissance de Fanny qui aurait pu lui être reprochée.

Il est fort probable que Fanny Van De Grift soit née Vampire.

D'après l'écrivain Raven Kaldera, auteur de : « The Ethical vampire », Il existe des vampires dits "Primaires" qui sont nés "Vampires" tout comme la sœur de l'auteur et l'auteur lui-même. Ils volent l'énergie des humains car incapables, dès la naissance d'en fabriquer eux-mêmes, donc dès leur plus jeune âge, ils prélèvent l'énergie sur d'autres humains qui n'ont pas conscience d'être régulièrement ponctionnés.

Le centre énergétique du cœur des vampires étant fermé, ces créatures sont totalement dépourvues d'empathie et ne peuvent pas aimer, ni donner de l'amour. L'amour, ils ne savent pas ce que c'est et ne le sauront jamais.

Ils sont tout de même émotionnels pour eux-mêmes car tout converge vers leur petite personne, d'où un égo surdimensionné, qu'ils tentent de dissimuler grâce à l'humour qui glissera doucement vers du sarcasme, pour finalement atteindre un seuil de cruauté très élevé.

Fanny est donc née vampire tout comme sa mère et l'un de ses grands-parents. Il serait possible de remonter l'arbre généalogique à l'infini si j'avais suffisamment d'informations.

Dans ma famille, j'ai pu identifier les sociopathes jusqu'à mes arrières arrières grands-parents. Car oui, en effet, si Louis a été attiré par cette femme vampire, c'est qu'il est sureficient, hyper émotionnel et qu'il avait un parent qui n'était peut-être pas vampire mais qui avait des traits hérités d'un père ou d'une mère très stricte, colérique mais empathique. Le vampire schizo-affectif étant en mal d'amour, Louis ayant une montagne à offrir, le moins va rencontrer le plus, c'est inévitable puisqu'ils sont hélas complémentaires. Cette rencontre serait nécessaire pour régler des problèmes de l'enfance non résolus, des blessures d'âme non guéries mais le gros souci dans cette union, c'est que si la solution n'est pas trouvée, l'issue est mortelle.

La pathologie est transgénérationnelle, tout vampire aura au moins un descendant direct porteur de cette maladie et l'éducation perverse narcissique entre 2 et 15 ans renforcera la terrible maladie : le non-dit fera partie de l'éducation, tout comme le mensonge.

Les 3 enfants de Fanny ne sont pas tous affectés : les 2 premiers, Belle et Lloyd sont des vampires à part entière mais pas le petit dernier, Hervey qui va développer une maladie, la tuberculose en réaction à la violence perverse qu'il reçoit. Malheureusement, l'absence de soins et la négligence de la mère le conduira à la mort, à l'âge de 5 ans.

Ma grand-mère sociopathe a elle aussi entraîné une tuberculose osseuse sur mon père, qu'il a développé dès l'âge de 3 ans.

Il partira en sanatorium à Trestel, en Bretagne pour recevoir des soins.

À 8 ans, il est déclaré guéri par les médecins et retourne dans sa famille mais les prélèvements de la mère vampirique vont faire baisser les défenses immunitaires et la tuberculose va reprendre à nouveau le dessus. Vers 12 ans, il sera enfin sorti d'affaire : l'amour reçu par les infirmières ainsi que les prières matin et soir l'emportent sur le mal.

Malheureusement le petit Hervey n'aura pas cette chance, c'est la mort qui le délivrera de la terrible maladie et lui permettra d'échapper à la violence perverse de sa mère, sa sœur et son frère.

Sous ses airs de jeune fille artistique de bonne famille, Belle cache de grands talents de manipulatrice et sans nul doute, c'est du grand art. Elle va mettre le grappin sur Joe Strong au même âge que sa mère avec Samuel Osbourne. Joe fait partie d'une grande famille d'artistes, en effet son père J.D Strong est le fondateur de la première communauté d'artistes à Monterey. Joe a suivi avec sa sœur des études artistiques en Allemagne. Le jeune homme gagne sa vie, mais pas suffisamment au goût de Belle. Cette dernière est très jalouse de sa mère et dès que l'héritage Stevenson tombe à la mort du père de Louis, elle rapplique dans la vie du couple. Bien sûr, elle a fait un mauvais mariage ! Son mari boit et se drogue ! Il ne boit pas pour rien. Il ne comprend pas... Belle était si gentille au début, pourquoi a-t-elle soudainement changé après le mariage ? Ce changement n'a aucun sens ! Joe va s'engluer dans la toile d'araignée et ne parviendra jamais à sortir du piège. 15 jours après sa rupture avec Joe le 22 mai 1893, elle veut vivre une semaine avec Franck O'meara. Joe vampirisé, incapable de retirer les traceurs posés par Belle, décède à 46 ans presque au même âge que son beau-père Louis. Ses œuvres sont visibles au Bohemian Club et au Silverado Museum de St Helena.   Alexandra Lapierre les a vu et affirme qu'elles étaient talentueuses. Sans l'ombre d'un doute, il avait du talent et une grande sensibilité. Tout comme sa sœur, ils figurent dans la liste des artistes californiens : Artists in California (1746-1940).

Belle va prendre de l'ampleur et très vite s'immiscer dans la vie de Louis et tentera même de faire de l'ombre à sa mère.

Elle est nourrie, logée et va même être payée par Louis pour prendre quelques notes car bien entendu, il n'est même plus capable d'écrire ! Elle ira même jusqu'à gérer son courrier ! La parfaite secrétaire dont tout le monde rêverait...

Lorsque Graham Balfour, un jeune cousin de Louis débarque sur l'île, Belle veut jeter son dévolu sur le jeune homme, elle y voit un très beau parti mais l'alliance ne se fera pas. En effet, il aura eu la finesse de flairer le piège je suppose...ou peut-être a-t-il été sauvé par la peur du mariage. Possible aussi qu'il ait été plus attiré par Lloyd que par Belle !

À la mort de sa mère, Belle va récupérer son dernier amant : Nerd (Edward Salisbury Field) car il est prometteur. Fanny avait plus de flair qu'elle, elle récupère donc son dernier amant, son dernier beau-père en fait !

L'enfant qu'elle a eu avec Joe Strong, c'est sa sœur qui va l'élever en Californie. À chaque vacances, Austin viendra à Samoa... Petit vampire lui aussi ? Possible... Je manque d'éléments pour poser le diagnostic !

Belle n'a aucun amour maternel... Pire encore, comme tous les vampires, elle souhaite la mort de son enfant avant la sienne et rêve d'immortalité comme les déesses.

Avec son frère, Belle s'entend à merveille, puisqu'il fonctionne de la même manière.

Petit, Lloyd est traîné dans une mine désaffectée par sa mère pour la fameuse " Lune de miel " mais la triste réalité c'est que Fanny a épousé Louis le lendemain de son divorce d'avec Samuel Osbourne et que les habitants, ses voisins veulent la luncher, lui faire la peau alors le couple n'a pas trop le choix, ils doivent fuir avec Lloyd âgé de 12 ans. Le nid d'amour dans les cabanes de mineurs décrit par Fanny, ressemble plus à de la survie dans la jungle mais c'est le seul refuge qu'ils ont trouvé.

1880, Lloyd débarque en Écosse et en 1884 quand le couple s'installe à Bournemouth, il va recevoir une très bonne éducation, vivra chez les grands-parents avec des études payées par Thomas à l'université d'Édimbourg. C'est le parfait gentleman avec la canne et le chapeau haut-de-forme mais voilà, ce n'est que l'apparence, la façade !

D'après les recherches très fiables de Julian Bukits, il fréquentait le studio photo de Monsieur Tunny à Edimbourg, ce qui n'est pas une belle référence. Il allait à l'université avec des enfants du photographe, j'ose à peine imaginer les dégâts qu'il a pu faire sur ces jeunes gens, en particulier les filles du même âge que lui !

Avec Louis, il maîtrise parfaitement le développement photo pendant les voyages. Technique certainement acquise au cours des stages prodigués par le grand photographe d'Édimbourg !

Entre vampires, ils se reconnaissent et se comprennent bien entendu ! Ils sont jaloux les uns des autres, mais pour attaquer une proie, nuire à une victime, ils font alliance et cette association s'appelle ' noyau pervers ', C'est Paul Claude Racamier l'inventeur du terme : ' Pervers narcissique ' qui a le premier identifié les ' noyaux '.

À Bournemouth quelques années après le mariage, Lloyd et Fanny forment un noyau contre Louis.

D'un côté, ils se font passer pour les meilleurs amis de Robert Louis Stevenson et de l'autre ils sont en réalité ses pires ennemis. Capable du meilleur comme du pire, le but du jeu machiavélique est de maintenir un équilibre.

À Samoa, Louis sera accusé d'un crime, car une jeune indigène est retrouvée morte, après avoir été violée et la casquette de Stevenson est bien évidemment sur les lieux du meurtre. L'écrivain devra justifier de son emploi du temps, après une mise en demeure. (L'information a disparu sur la toile.)

Qui est sans foi ni loi, jaloux, envieux et assez pervers pour avoir repéré cette jeune femme indigène et faire porter le chapeau à Louis ? Qui sort avec des jeunes filles de Samoa ? Qui pouvait très facilement récupérer une affaire personnelle de l'écrivain pour la déposer près du lieu du crime ? La réponse est toute trouvée. L'affaire sera très vite étouffée, pour ne pas entacher la réputation de Louis.

Il faut vraiment beaucoup chercher pour découvrir que Lloyd n'est pas célibataire ! Fanny ne parle jamais de ses belles-filles, ni Belle de ses belles-sœurs. Sa première femme trouvera la force et le courage d'échapper au noyau pervers narcissique d'une violence inouïe puisque composé des 3 sociopathes : Lloyd, Belle et Fanny...

Louis n'aura pas cette chance car pour lui, la vampirisation a duré beaucoup plus longtemps et la destruction psychique est très importante.

Lloyd aura officiellement d'autres femmes, encore un autre divorce, d'autres enfants même encore sur le tard, passé 68 ans. Le dernier d'entre eux, 1 fils. Lloyd choisira de lui donner le nom de Samuel, aussi il serait naturel de penser qu'en vieillissant, il ait choisi de rendre hommage à son père en donnant son nom à son enfant. Malheureusement Lloyd n'aime pas Monsieur Osbourne, cet homme qui n'a pas rempli son rôle de père, ni sû le protéger contre la force du mal. À son décès, Lloyd n'a rien ressenti et n'a versé aucune larme. Il ne faut pas oublier que jusqu'à ses 18 ans, il portait le nom de Samy, le prénom de son père. Cette identité, sa mère lui a volé en le débaptisant à sa majorité. En choisissant son prénom initial pour son dernier enfant, il a l'impression qu'il va vivre encore très longtemps, puisque cette chose, à qui il a donné la vie est le prolongement de lui-même.

En faisant autant d'enfants, il affirme sa position de mâle, renforce son image sociale et augmente les chances d'avoir plein de petits vampires pour perdurer sa dynastie !

STRATÉGIES ET VAMPIRISATION

Fanny comme tous les vampires ne fait pas exception à la règle, elle a choisi une proie surefficiente, "un pense trop" cf.Christelle Petitcollin, un hypersensible à la fibre artistique... Littéraire dans ce cas précis.

Tout d'abord, elle a joué la carte de la SÉDUCTION.

Les flatteries, les promesses et le mimétisme font partie de la panoplie. Elle se met en miroir, elle pense la même chose que lui, dit ce que Louis a envie d'entendre. Il est ravi d'avoir rencontré une personne comme lui, très artistique de plus, qui a des idées bien arrêtées.

Ensuite vient la carte de la VICTIMISATION et là nous entrons dans la paranoïa haut de gamme : Madame Osbourne se plaint d'avoir un mari volage, qui la trompait à chaque fois qu'il partait en voyage. Il a des femmes dans chaque ville !

Samuel Osbourne l'abandonnait régulièrement et la laissait seule sans argent pour élever ses 3 enfants. En réalité, c'est tout l'inverse ! C'est elle qui est volage et chasse plusieurs lièvres à la fois, pour avoir plusieurs personnes à prélever sur le plan des énergies vitales. Fanny est si dépensière et vénale qu'il doit constamment s'absenter pour gagner de l'argent, chercher de l'or !

Quand elle veut que Louis vienne en Amérique, le poète n'a pas conscience qu'il est déjà sous emprise. Il lui fait confiance dans la région de Fontainebleau et la vampirisation par le sexe a déjà débuté à Paris lorsqu'ils ont vécu ensemble avant que Sam ne revienne la chercher.

Toutes les couches invisibles et protectrices autour du corps de Stevenson se sont envolées, il n'en reste plus une seule pour le protéger et maintenant des filaments invisibles sont posés sur lui depuis les aspérités de l'aura de Fanny sur l'aura de R.L.S et la distance ne change rien, elle peut tirer sur les ficelles pour faire bouger la marionnette. Elle ressent tous les états d'âme de Louis, s'il doute, est heureux ou triste. Grâce à ces filaments, elle obtient des informations sur l'écrivain quand elle le souhaite.

Elle le laisse mariner un peu dans les Cévennes avec son ânesse Modestine et lui envoie une lettre (qui a bien sûr disparue) dans laquelle il est clair qu'elle est en danger avec son mari puisque Louis lui demande de " tenir bon " jusqu'à son arrivée car bien entendu, il vole à son secours, mais par bateau le trajet va prendre presque un mois, donc la pauvre victime va devoir attendre, tenir bien entendu jusqu'à l'arrivée de son sauveur !

La 3e carte qu'elle sort de son jeu, c'est l'INTIMIDATION.

Quand Louis arrive enfin chez elle, Fanny est très heureuse de le voir, mais la grande dame ne peut plus le recevoir au retour de son mari car finalement elle a changé d'avis (son époux a dû en effet ramasser un peu d'or !) et souhaite conserver sa vie avec Samuel Osbourne... Louis va toucher le fond, elle le laissera boire la tasse avant d'intervenir et puis décider de divorcer pour l'épouser par compassion pour qu'il vive quelques heureux moments avant sa mort que Fanny sent imminente (Belle confirmera ses propos des années plus tard) déjà à cet instant, elle a un pouvoir de vie ou de mort sur l'écrivain mais lui est convaincu qu'elle l'a sauvé, donc il est redevable et cette dette n'a pas de prix, il est reconnaissant pour l'éternité.

Fanny ignore tout de l'AMOUR, ce sentiment qu'elle ne peut éprouver. C'est l'amour que Louis éprouve pour elle qui va le sauver.

L'écrivain, dans une lettre à son ami Mr Edmund Gosse confiera ceci : "... Je ne pense pas que beaucoup de femmes seront plus aimées que la mienne va l'être." May 19, 1880.

Finalement, Fanny ne va pas hériter tout de suite de la fortune Stevenson, elle devra attendre encore un peu.

Dans un premier temps, elle a pris le pouvoir sur la vie de Louis et par courrier, à distance, elle prépare sa domination sur sa famille. Il lui suffira d'un dîner familial à Édimbourg pour s'imposer et enjôler les beaux-parents et là, c'est du grand art.

C'est pour cette raison que Paul Claude Racamier disait que " le pervers narcissique " pouvait retourner les esprits les plus brillants et qu'il fallait le voir pour le croire.

La 4e carte c'est la CULPABILISATION. Fanny la sauveuse fait culpabiliser son mari en permanence. A cause de sa maladie, elle doit l'accompagner dans les sanatoriums, elle ne supporte plus de devoir séjourner à Davos en Suisse mais doit le faire par amour. Louis sera rapidement coupable de tout, elle lui reprochera même son succès et s'en plaindra aussi à sa belle-mère dans une lettre très virulente ou sa souffrance a atteint un seuil intolérable, sa douleur est insupportable face à l'ingratitude de son mari !

À Samoa, Fanny rendra Louis responsable des guerres entre indigènes et elle l'accusera de leur avoir donné de mauvais conseils. Bien sûr le poète va culpabiliser et s'en vouloir terriblement. Des hommes meurent à cause de lui, sa femme a été très convaincante.

Au 19e siècle, en 1879 un médecin américain avait diagnostiqué Madame Fanny Osbourne schizophrène. À l'époque, c'était en effet la maladie connue qui s'en approchait le plus. Aujourd'hui grâce au centre de kinésiologie de Marseille, 20 points précis permettent d'identifier un ou une sociopathe. Je vais illustrer chaque trouble de la personnalité chez Fanny Stevenson.

La personne atteinte de cette maladie psychiatrique :

1- Vampirise l'énergie de l'autre : l'expression "se faire bouffer" prend tout son sens.

Au début, Fanny a prélevé Louis à distance, les pertes énergétiques sont légères et perceptibles par Stevenson : il est néanmoins en pleine forme lors de son périple dans les Cévennes, pourtant il confiera à sa mère dans une lettre qu'il se sent vidé.

À partir du moment où il va avoir des relations sexuelles avec elle, les prélèvements seront beaucoup plus fréquents, puisqu'elle va se servir dans les couches profondes et va lui prélever de l'énergie vitale.

Au début, il se sentait vidé donc désancré. Cette sensation de manque d'énergie se caractérise par le fait que les articulations n'arrivent plus à porter les os. Il lui a suffi de s'immerger au cœur de la France, pendant plus d'un mois et d'effectuer un séjour jusque dans le sud, à pied, en contact avec la nature et la gentillesse des êtres humains mis sur son chemin, pour se ressourcer et s'ancrer à nouveau, se sentir vivre.

Cependant, lorsque Fanny effectuera des prélèvements trop importants, les défenses immunitaires seront très faibles et la maladie prendra le dessus. Sa fragilité pulmonaire n'est absolument pas la tuberculose mais la bronchectasie (cf. p. 653. FS Entre Passion et Liberté d'Alexandra Lapierre) qui de toute façon n'a pas entraîné son décès.

Néanmoins toutes les maladies des bronches sont la conséquence d'une très grande tristesse.

2- Elle est dénuée d'empathie, fait preuve de froideur émotionnelle. Fanny ne verse pas une larme à la mort de Louis, ce qui illustre et résume bien tristement ce point.

3- Elle souffre d'insatisfaction chronique, il y a toujours une bonne raison pour que ça n'aille pas. Ça ne va jamais comme elle veut, elle s'acharne sur des personnes à tour de rôle (son beau-fils, son mari, même sa fille...) à Samoa, ça dépend des jours et du moment. Elle n'est jamais satisfaite de ce qu'elle a et change tout le temps d'avis et de lieu, en effet ça ne va jamais.

4- Elle use de dénigrement insidieux sous couvert d'humour au début, puis de plus en plus directement.

Le sarcasme va dégénérer en cruauté avec Louis très rapidement après le mariage. À Bournemouth, Les voisins hésiteront a appelé la police en entendant les hurlements et les disputes. À Samoa, elle accusera Joe de voler les bouteilles de vin à la cave devant tout le monde au dîner. Très vite les dénigrements insidieux tournent à la cruauté et à l'humiliation.

5- Elle est indifférente au désir de l'autre.

Il n'y a qu'elle qui compte, Louis aimerait voir ses amis mais elle en a décidé autrement, en réalité le bien-être de son mari elle s'en moque éperdument.

6- Elle s'inscrit dans une stratégie d'isolement de sa proie.

C'est un fait, Fanny contrôle tous les écrits de Louis et s'arrange pour diminuer son cercle d'amis dans un premier temps. Ensuite avec le vol du manuscrit de la sœur de Bob, elle va détruire une profonde amitié ainsi elle va écarter à jamais ses 3 sauveurs : Henley, Bob et sa sœur Katharine de Mattos. Elle va prétexter la maladie de Louis, pour faire le vide autour de lui. Elle joue les hypocondriaques pour aseptiser sa maison en ne recevant quasiment plus personne à l'exception des personnes manipulables.

Même les médecins ne comprennent pas cette attitude ridicule. Mais enfin, c'est par amour qu'elle le protège !

7- Elle fait preuve d'égocentrisme forcené.

Fanny veut toujours être au centre des conversations et ne supporte pas que son mari ait du succès. Elle est convaincue d'être talentueuse et de ne pas être reconnue comme artiste à sa juste valeur. Ces tenues, ces achats et ces extravagances sont choisies pour attirer toujours l'attention sur elle... Fanny ne met aucune limite.

8- Elle fait culpabiliser.

Madame Stevenson fait culpabiliser alors si ça ne se passe pas comme prévu, c'est forcément de la faute de l'autre parce qu'elle, elle est parfaite. Elle reproche à Samuel Osbourne de ne pas lui avoir envoyé suffisamment d'argent pour soigner son fils, il va donc culpabiliser et indirectement déduire qu'il est responsable de la mort de son enfant.

Elle reprochera aussi à Louis d'être responsable de son mal-être, de ses souffrances... À cause de lui, elle doit souvent tout abandonner, tout perdre.

Il l'étouffe et l'empêche de s'épanouir et de s'affirmer en tant qu'artiste !!!

9- Elle est incapable de se remettre en cause ou de demander pardon (sauf par stratégie).

Pour obtenir le divorce au plus vite, elle implorera le juge Rearden (ancien amant) de s'occuper de son affaire et pour le convaincre, elle ira jusqu'à dire qu'elle n'a aucun talent artistique et qu'il avait raison à ce sujet. Elle est prête à tout pour parvenir à ses fins (elle devait divorcer à tout prix pour épouser Louis au plus vite pour toucher l'héritage après une mort imminente).

10- Elle s'inscrit dans un déni de réalité.

Elle sait pertinemment qu'elle ne sait pas peindre mais elle fera tout son possible pour que le monde entier croit le contraire. Elle est la première convaincue de ses propres mensonges, ce qui rend l'imposture d'autant plus crédible.

11- Elle joue un double jeu :

Charmante, séductrice, brillante, voire altruiste, pour la vitrine mais sombre, tyrannique et destructrice en privé.

Henry James est fasciné par Madame Stevenson, Richard Le Galienne du Club Littéraire ' The Rhymer's Club ' évoque La Grande Dame avec "un splendide visage léonin, ses grands yeux hypnotiques, à sentir son magnétisme dominateur, on comprenait sans peine la dévotion de son amant". Il faut bien reconnaître que les hommes hypnotisés par son image sont nombreux.

Quant à Colvin, il n'hésitait pas à la qualifier d'insane !

Même dans les tableaux de John Singer Sargent ou le couple Stevenson est représenté, la cruauté et l'indifférence de Fanny transparaissent.

12- Elle est obsédée par l'image sociale.

Tout le monde doit la voir comme une femme riche, élégante, intelligente et raffinée. Elle ment et fait croire qu'elle a du talent au point que même aujourd'hui, certains "spécialistes" prétendent qu'elle a suivi des cours à l'école des beaux-arts à Paris ou même à celle de Barbizon alors qu'elle n'en a jamais franchi la porte !

13- Elle manie redoutablement la rhétorique, le dialogue pour dépasser le conflit qui tourne à vide.

Elle a toujours raison Madame Stevenson, chacun sait qu'il ne faut pas essayer de lui tenir tête, elle a du vocabulaire et s'exprime bien quand elle raconte une histoire, elle enchaîne sur une autre anecdote et il est difficile, voire impossible de lui prendre la parole. Lorsqu'elle n'a pas le dessus, elle raisonne par l'absurde et sort gagnante de la dispute à coup sûr.

14- Elle alterne le chaud et le froid, maîtrise l'art de savoir jusqu'où aller trop loin.

En effet Fanny ne passe pas son temps à attaquer, sinon la proie aurait vite fait de s'échapper. Des études américaines ont prouvé que les sociopathes savent grâce à un don inné jusqu'où aller pour que la victime l'accepte parce qu'ils connaissent la faille de chaque individu. Madame Stevenson connaît son mari mieux que lui-même. Dans certaines phases, elle sera odieuse jusqu'à un certain point et dans d'autres, ses propositions auront un goût de paradis. Après l'avoir séquestré dans la maison de Bournemouth en l'ourlant avec des meubles placés tout autour de son lit pour l'empêcher de se lever, elle va lui proposer la grande aventure, le grand voyage dont il a toujours rêvé.

Ainsi, un certain équilibre est maintenu, c'est le mouvement de la vague en pleine mer.

15- Elle est psychorigide.

Fanny possède en effet un mécanisme de défense obsessionnel, souhaite tout régenter et tout contrôler pour contenir ses angoisses et prends le pouvoir partout où elle se trouve. À l'enterrement de Thomas Stevenson, elle fait plus qu'épauler sa belle-mère et quand elle touche l'héritage, elle prépare le voyage de A à Z. Elle prend le contrôle de la situation et commande toutes les personnes qui l'entourent.

16- Elle souffre d'anxiété profonde, ne supporte pas le bien-être de son partenaire.

Aussi dès que Louis est heureux, elle se sent très mal. Elle va donc subtilement lui pourrir la vie pour se sentir bien. Il est tellement heureux de bientôt partir pour le grand voyage dans les îles du Sud qu'elle lui pourrit la vie, en provoquant un scandale, en éditant la Nouvelle oubliée chez eux par Katarina de Mattos. Comme toujours, ce n'est pas de sa faute c'est elle qui a du talent et qui écrit mieux que la cousine de Louis.

17- Elle ressent le besoin compulsif de gâcher toute joie autour d'elle.

Le bonheur des autres insupporte Fanny au plus haut point, pour cette raison, elle va détruire le nouveau couple formé par son ex-mari dans la plus grande discrétion.

18- Elle inverse les rôles et se fait toujours passer pour la victime.

Fanny est soi-disant victime d'un mari qui la délaisse et ne reconnaît pas son talent d'autrice, par conséquent, elle est condamnée à vivre dans l'ombre de la gloire de son époux et se fait toujours passer pour la pauvre victime.

19- Elle use d'injonctions paradoxales et contradictoires « la cible perd tous ses repères, son esprit devient confus même quand il est des plus brillant ». Paul Claude Racamier l'inventeur de la notion "pervers narcissique", parlait d'un véritable « détournement de l'intelligence ».

Fanny Osbourne rencontre Louis à Grez-sur-Loing, elle veut vivre avec lui, c'est l'amour fou. Quand elle repart en Amérique peu de temps après elle lance un appel au secours, crie qu'elle est en danger. Louis vole à son secours ,1 mois de voyage et lorsqu'il arrive au bout de quelques jours elle a soudain changé d'avis. Finalement elle n'est plus en danger de mort, Louis peut rentrer chez lui en Écosse, elle n'a plus envie de le voir. L'écrivain perd tous ses repères, il aura même l'impression de devenir fou et cessera de s'alimenter et de boire pour attendre la mort.

20- Elle éprouve un soulagement morbide quand l'autre est au plus bas.

Quand Louis n'a plus d'espoir, Fanny se sent revivre. En effet, faire du mal lui fait du bien mais cette sensation est de courte durée. Toutes les attaques qu'elles lancent la soulage. Le malheur des autres la fait jouir, pour cette raison lorsqu'un journaliste lui demande quelle est l'épreuve de sa vie qui a été la plus difficile à surmonter, elle est dans l'incapacité de répondre, elle préfère s'abstenir pour ne pas choquer le public et porter préjudice à sa réputation. Une femme équilibrée aurait répondu la disparition de mon petit garçon...

Aujourd'hui, le centre de kinésiologie de Marseille pourrait lui décerner un 20 sur 20.

Madame Robert Louis Stevenson possède tous les traits de la perversité narcissique, c'est une sociopathe à part entière, un vampire psychique et énergétique qui prélève la vie et souffle la mort sur tous ceux qui ne parviennent pas à s'échapper.

Comme toutes les personnes atteintes de cette maladie psychiatrique, Fanny avait des périodes de parfaite adaptabilité à la société. Elle a dérapé à plusieurs reprises.

Ses plus grands moments de délire, de folie connus se situent en Californie juste après avoir quitté Paris et à Samoa l'année qui a précédé le départ de Louis.

Des 3 Machiavels, Belle est de loin la plus cruelle. L'élève a dépassé le maître ! Elle est crainte par Louis et cette frayeur est perceptible sur la photo de famille prise à Sydney en 1893 où la belle fille est placée au centre, au-dessus de son beau-père. Louis s'en écarte, il est crispé, déchargé et affaibli.

Quant à la mère du poète, c'est un regard de haine qu'elle lance au photographe qui n'est autre que Lloyd...

LA CENSURE

La censure enveloppe Robert Luis Stevenson dès sa plus tendre enfance. Comme beaucoup de jeunes de cette époque, il n'a pas la parole et ne choisit pas ses études non plus. Il obéit aux ordres paternels et deviendra un excellent ingénieur, un constructeur de phares comme son père, son grand-père, arrière-grand-père et bon nombre d'ancêtres.

Thomas l'emmène sur les chantiers, il y découvre des lieux magnifiques comme l'île d' Eraid pendant 3 semaines.

Il se tourne très vite vers le théâtre et écrit sa première pièce à 12 ans, ensuite à l'université, il lutte contre l'autorité imposée en fondant son club "anti conformiste", le jeune dandy de bonne famille se tournera à 20 ans vers la drogue et les prostituées et demandera la main de l'une d'entre elles, en vacances en famille sur l'île d'Eraid pour braver l'autorité parentale. Il sait pertinemment que jamais son père n'acceptera une telle alliance !

Thomas comprend enfin que Louis ne sera jamais ingénieur, il lui impose donc des études de loi pour valider un diplôme d'avocat. Le jeune Stevenson ne suit pratiquement aucun cours, passe son temps en France, en région Parisienne mais validera le diplôme, très certainement acheté par le père...

Bien sûr au 19e siècle, il était déjà possible d'acheter un diplôme moyennant une belle somme d'argent !

Très tôt, Louis prend des notes sur tout ce qui l'entoure et écrit. Sa vie l'inspire et pour ne pas oublier, il immortalise tout ce qu'il perçoit sur papier. Monsieur Stevenson père changera le prénom de son fils pour faciliter sa reconnaissance dans le monde littéraire. Pour quelqu'un qui était contre le métier d'écrivain, c'est assez surprenant...

L'idée qu'il sera un jour avocat est enfin abandonnée car Louis est beaucoup trop timide pour se montrer en public et s'imposer de cette façon, ce n'est pas pour lui. De plus, il est nécessaire d'avoir un minimum de connaissances pour être avocat tout de même enfin je pense, encore que... les impostures sont nombreuses dans ce domaine.

Il plaidera une ou deux fois pas plus et déteste ce rôle, en revanche il aime enquêter, comprendre et découvrir la vérité.

Tous ses écrits sont contrôlés par son père et si Louis existe en tant qu'écrivain, c'est grâce à Thomas qui paye pour toutes les publications.

Une fois, Louis a voulu éditer sans son consentement, le père est intervenu, il a immédiatement arrêté l'impression et racheté les exemplaires déjà vendus !

Louis n'a aucune liberté, il dépend financièrement de son père et s'il mange et peut voyager dans les années 70, c'est parce qu'il dilapide l'argent destiné à monter son cabinet d'avocat et quand il n'a plus les moyens, il vit comme un bohémien et il s'en moque !

Dès l'été 1880, Thomas Stevenson entretient le couple Louis /Fanny et le beau-fils Samy, mais ils passent le relais de la censure à sa belle-fille. Seule cette dernière peut autoriser la publication des écrits de son mari qui ne possède aucun droit.

À cette nouvelle censure va très vite s'ajouter celle du beau-fils au ton caustique, le pince sans rire va épauler la critique de sa mère, dès sa majorité. En effet, Lloyd va relire avec sa mère les écrits de son beau-père pour modifier ce qui est écrit. Cette mesure de censure portera un nom : "la co-écriture" !

Dès 1890, Louis va co-écrire avec toute la famille, en effet Belle va également se joindre à la troupe !!!

Elle va modifier les écrits de son beau-père car il va lui dicter ses romans, ainsi la censure se fera directement à la source. Belle sera la secrétaire et ouvrira même son courrier ! Louis la paiera même pour cette censure déguisée.

Ce dernier ne se plaint pas et endure en silence car de toute façon qui l'écouterait ? Déjà à Bournemouth Fanny avait brûlé son premier manuscrit de Docteur Jekyll et Mister Hyde car elle avait reconnu inévitablement qu'il y dénonçait la perversité narcissique et elle ne pouvait supporter que sa maladie soit pointée du doigt et dévoilée au grand public. Il a donc tout réécrit et trouvé des astuces pour dénoncer les crimes des sociopathes sans que Fanny ne se sente visée. Derrière la fiction de l'écrivain se cachent des crimes commis par 2 sociopathes en puissance. C'est Julian Bukits qui sait décoder le langage Stevensonien et qui a perçu le comportement criminel de James Tunny.

Louis utilise la fiction pour raconter des scènes de vie de son époque mais il est obligé de cacher la vérité derrière les mots pour ne pas être censuré. Julian a également découvert que Louis devait utiliser des codes pour correspondre avec ses amis intimes pour échapper à la censure.

L'écrivain à travers ses romans raconte sa vie, dénonce des crimes dont il a été témoin, cache ses témoignages dans des coffres, codifie les lettres envoyées à son cercle intime. La fiction est une couche superficielle qui permet de protéger la vérité. Seul Julian Bukits est capable de lire les mots de Louis car une énergie subtile le pousse à découvrir ce qui est caché, elle lui confie les clés pour décoder et lui a donné le nom du sociopathe qui a vécu dans sa rue au moment où son intuition était très active à 42 ans très précisément.

Les témoignages des sociopathes regorgent de mensonges et d'incohérence, ce n'est donc surtout pas dans les écrits de Lloyd, Belle et Fanny qu'il faut rechercher la vérité ou alors il faut être capable de décoder.

Au sujet du terrain acheté par Louis à Vailima, nul doute que le frère et la sœur nagent en plein délire, puisqu'ils voient déjà fleurir des plantations avec une mère qui fabrique du parfum à partir de l'ylang-ylang mais il n'y a rien sur ce terrain, c'est la jungle !

De même, les 2 artistes californiens qui rendent visite aux Stevenson en 1890 décrivent les lieux à leur ami Henry James comme un endroit peu enviable et comparent la cabane des Stevenson à un « taudis irlandais » d'une saleté repoussante. Apparemment le manque d'hygiène est choquant. C'est amusant de voir qu'un des artistes évoque la présence de vampires, mais il se fie aux apparences et elles sont trompeuses. A leurs yeux c'est Louis qui suce le sang de sa pauvre femme alors que c'est tout l'inverse ! Malheureusement il y a bien une perte d'énergie vitale perceptible chez Louis. En 1890, il ne s'échappe toujours pas du piège, il n'arrive pas à s'extraire de la toile d'araignée et s'y englue chaque jour un peu plus.

L'hémorragie est lente depuis 1876, à partir de 1880 le sang coule mais le flux est invisible, alors Louis ne voit rien et ses amis non plus. Il a pourtant bien compris le processus de destruction des sociopathes et lu les écrits de Freud à ce sujet mais il est convaincu que Fanny n'est pas aussi cruelle et que tout va finir par s'arranger.

Après sa mort, la censure redouble d'ardeur : Fanny contrôle tout ce qui sera écrit sur Stevenson et empêchera Colvin d'écrire la biographie de son époux. Graham Balfour, Le cousin de Louis, d'une grande naïveté sera obéissant et écrira exactement ce que Madame Stevenson lui dira de conserver, si dévoué à cette dernière, il fera ce qui lui sera demandé.

Le journal de Louis retrouvé chez Miss Sitwell sa confidente et compagne de Colvin sera restitué à la famille Osbourne / Stevenson. Des lettres auront disparu très certainement dans la cheminée, comme la première version de Docteur Jekyll et Mister Hyde.

Des photos auront été cachées. Catharine Durham, L'ex-femme de Lloyd en montrera une jamais éditée, peu flatteuse de Louis au visage soufflé par l'alcool et la drogue à un moment de son séjour en Californie en 1880. Même Louis cachera la maladie psychiatrique de sa femme et sa cruauté au grand public. Il fera disparaître certains tableaux du couple Stevenson ou le dédain et la méchanceté de Fanny était perceptible. Les héritiers imposent à Colvin de cacher la folie de Fanny dans tout ce qu'il éditera.

À la mort de Louis, la censure est toujours de rigueur. C'est Nelly qui avait été choisi par Fanny pour écrire sa biographie. En effet, qui était plus à même d'écrire sur la grande dame que sa sœur au grand cœur, sensible, artistique, littéraire, vampirisée depuis sa plus tendre enfance. Elle vénère tellement sa sœur Fanny qu'elle la prend pour une héroïne, une déesse de la mythologie, néanmoins Belle contrôlera tous les mots écrits par sa tante et bien sûr Nelly traduira cet excès de zèle par l'amour infini que la fille portait à sa mère !

Lloyd et Belle vont former un noyau pour censurer les lettres échangées entre Louis et sa femme. Certaines, trop compromettantes seront même brûlées. Ils se sont donnés beaucoup de mal pour rayer, dissimuler tous les passages dans le journal de leur mère qui évoquaient son orgueil démesuré et les tensions dans le couple. C'est un cryptologue en 1955 (Cf. p 530. Alexandra Lapierre. Fanny Stevenson) qui a permis de retrouver le texte d'origine et qui publie l'intégralité du journal de Fanny Stevenson. Tout le monde s'attendait à découvrir un scandale mais tous ceux qui y ont eu accès, n'y ont vu que des querelles de couple. Pourtant les disputes sont démesurées, hors-norme.

Quand Fanny décide de ne plus parler à Louis pendant 3 mois pour le surefficient qu'il est, ce coup de poignard en plein cœur nie son existence même. Cette attaque perverse est double puisqu'elle émane d'une sociopathe, au premier coup porté, elle imposera l'abstinence et pour Louis, c'est là une privation d'amour terrible comme s'il ne la méritait plus. Alors il a dû beaucoup souffrir et pendant presque 100 jours se demander ce qu'il avait bien pu faire pour déclencher une telle colère...

Rien en fait ! C'est une stratégie de destruction pour abîmer l'autre et le faire culpabiliser. Seuls les sociopathes et les victimes savent ce que c'est et peuvent identifier ce comportement comme un trouble à part entière de la perversité narcissique. Les enfants de Fanny, les héritiers de R.L.S ont pris le temps de faire disparaître ces traces de violence perverse, de harcèlement moral que leur mère faisait subir à leur beau-père de manière récurrente, ce qui aurait pu les priver d'un héritage inestimable, salir l'image sociale de leur mère et la leur indirectement.

L'humiliation publique est le talon d'Achille de tous les sociopathes. Ils la redoutent et préfèrent mourir que d'être humiliés publiquement, alors les enfants de Fanny ont dissimulé tous les passages du journal qui trahissaient des traits spécifiques de la maladie psychiatrique de leur mère. Ils ont occulté des schémas d'attaques perverses pour effacer le harcèlement moral subi par Louis au quotidien.

Les dégâts étaient bien réels, il était harcelé sur cette île et Louis ne pouvait ni s'enfuir à la nage, ni parler de ce qu'il subissait à un ami. Même écrire librement, il ne pouvait plus le faire, car le trio estimait que Louis était trop fatigué pour rédiger lui-même, c'est donc Belle qui prenait en note ce qu'il voulait envoyer, elle lui ouvrait même son courrier...En effet, quelle belle dévotion !

Ned Field tombe tout comme Louis dans le piège machiavélique et fera d'abord des éloges de Fanny dans sa nécrologie, mais les pages suivantes auront été arrachées, très certainement par Belle car il est fort probable qu'elles dénonçaient dans un 2e temps la cruauté illimitée de la mère avec qui il a vécu et celle de la fille épousée quelques mois après le décès de Fanny.

Les sociopathes effacent, raient, détruisent tout ce qui les dérange, tout ce qui pourrait entacher leur image sociale, leur réputation. Ils sont sans foi ni loi pour parvenir à leurs fins.

L'héritage de Louis Stevenson c'est sacré, malheur à celui qui osera y toucher et se mettre en travers des héritiers du roi littéraire, la descendance y veillera jusqu'à la fin des temps.

Lloyd et Belle joue le jeu jusqu'au bout et rendront crédibles la grande histoire d'amour Louis / Fanny Stevenson, en enterrant les cendres de la défunte à côté de la tombe d'un des plus célèbres écrivains au monde, au sommet du monde Vaea de l'île Samoa.

Lloyd va griffonner et jouir de la notoriété de son beau-père jusqu'à la fin de sa vie.

Quant à Belle, elle est milliardaire grâce aux terrains que Ned Field avait conseillé d'acheter à Fanny avec l'argent de l'héritage, peu après la mort de Louis car ces parcelles regorgeaient de gisements pétroliers.

Chaque amant minutieusement choisi par les sociopathes était de véritables poules aux œufs d'or, bien entendu, elles ont continué à pondre bien après leur mort et rapportent de l'or à la descendance, aux petits vampires d'aujourd'hui. Une sorte de puit inépuisable comme l'amour que Louis portait à sa bien-aimée.

En 1880, lorsqu'il se marie, il confiera à son ami Mr Edmund Gosse :

"... Je ne pense pas que beaucoup de femmes seront plus aimées que la mienne va l'être."

Son amour pour sa bien-aimée est infini, il lui coûtera la vie.

TRISTE FIN

Alexandra Lapierre ne peut admettre qu'entre 50 et 55 ans au 19e siècle, une femme pouvait encore avoir un enfant. J'ai 53 ans et au 3e Millénaire je pourrais encore donner la vie !

Sachant que les femmes étaient ménopausées plus tard que nous car moins de pollution, moins de stress etc.... une grossesse était tout à fait envisageable. Un bébé aurait été enterré dans la cave de Vailima. L'histoire étant dramatique et romanesque, elle est discréditée.

Étant donné que ce qui se passait sur cette île est relaté par 3 mythomanes en puissance, il faut extraire la partie de vérité qui se trouve imbriquée dans leur tissu de mensonges. Il faut malheureusement avoir côtoyé des sociopathes pour savoir comment ils fonctionnent !

Quand en 1893, Fanny délire et croit attendre 10 enfants de Louis !

Je pense qu'elle est réellement enceinte ! Une sociopathe fidèle ça n'existe pas !

Fanny avait des amants avant, pendant et après Stevenson.

Seulement voilà, les hommes qui l'entourent sont des indigènes de couleur chocolat. Quand elle trompait Samuel en Californie l'acte passait presque inaperçu, alors que là sur cette île, le bébé est forcément de couleur. Fanny soigne son image sociale comme tous les sociopathes, c'est obsessionnel. Cette naissance sera une honte suprême, ce qui expliquerait que le bébé ait été enterré dans la cave, loin des regards. Madame Stevenson fait toujours ce qu'elle veut, alors cette grossesse l'a beaucoup ébranlée, elle allait l'humilier publiquement et donc la tuer. L'enfant ne pouvait pas vivre, ne devait pas vivre et comme par hasard, c'est ce qui s'est produit, il n'a pas vécu. Si l'enfant avait été de Louis, il n'y aurait eu aucune honte à l'enterrer, s'il était décédé naturellement...

Un mois avant sa mort, Louis écrit à Baxter qu'il veut rentrer et que l'Écosse lui manque atrocement.

La vérité c'est qu'il s'est fait piéger par le voyage dans les îles qui ne devait durer qu'un an. Plus de 15 ans à endurer la violence perverse, 7 ans à être écrasé, humilié, vidé par un noyau hautement toxique. La gentillesse, les 3 pervers ne connaissent pas. Louis a beau rendre le bien pour le mal, il ne parviendra jamais à adoucir leur cruauté. J'ai essayé comme lui mais malheureusement ça ne fonctionne pas, le but du jeu étant de détruire l'autre, l'ennemi, alors ils ne modifieront pas le plan mortel et machiavélique spécialement conçu pour leur proie, si elle ne s'échappe pas.

Le champ est libre : Fanny a perdu son bourreau, sa mère au début de l'automne...Elle est toute puissante maintenant, plus personne ne peut l'arrêter.

Graham le cousin de Louis s'est absenté pour faire un tour des îles...la mère de Louis est rentrée impuissante face à un processus de destruction bien entamé. Fanny était même parvenue à faire croire que Margaret avait un amant parmi les indigènes ! les sociopathes accusent toujours les autres de ce qu'ils font ou de ce qu'ils sont. C'est Fanny qui avait des amants mais elle fait porter le chapeau à sa belle-mère avec subtilité, quelle délicatesse !!! C'est vrai que vivre dans la jungle au milieu des tribus d'indigènes en guerre, Margaret Stevenson devait en rêver de jour comme de nuit !!!

Le 3 décembre 1894, la voie est libre, le succès de Louis bien assis, aussi les 3 machiavels auront presque le même son de cloche, les scénarios de la mort de Robert Louis Stevenson seront à peu près identiques pourtant une chose est sûre :

Il n'est pas mort dans ces circonstances.

Il y a beaucoup de détails dans le journal de Fanny pour ce jour, presque heure par heure, beaucoup trop même. C'est très bien organisé, trop bien préparé.

Depuis des années déjà, le « lightmotif » est récurrent, la maladie de Louis est constamment mise en avant, pour insister sur une santé fragile et préparée la terre entière à une mort précoce. Si nous écoutions les propos de Mme Stevenson, elle le sauvait plusieurs fois par an !

À mon avis 2 scénarios sont possibles : Louis était si malheureux, les attaques perverses récurrentes associées à l'alcool ont eu raison de sa santé et ont provoqué une crise d'apoplexie.

J'opterais davantage pour la 2e possibilité car le champ est libre, les invités sont partis, il ne reste plus que le noyau pervers, composé des 3 sociopathes qui pour l'occasion, s'entendent comme les 5 doigts de la main. Fanny met en avant ses dons de voyance pour programmer un drame, elle anticipe une catastrophe imminente. Dès le matin à 7h, Fanny s'enferme dans son laboratoire pour y distiller du parfum ou préparer autre chose...

Dans son panier rempli de fioles, elle a tout ce qu'il faut pour concocter une perte de connaissance puis un arrêt cardiaque. J'ai découvert que l'opium faisait partie de leur vie à Édimbourg, Londres...Paris...

De toute façon, aujourd'hui, presque tous les sociopathes ont recours à des anxiolytiques. L'opium a cette propriété de réduire l'anxiété, effacer les douleurs physiques, produire une sensation de soulagement, de plénitude et de protection. Les artistes étaient (et le sont encore pour beaucoup) persuadés que l'opium pouvait contribuer à leur épanouissement et les sociopathes en consommaient.

Baxter, le meilleur ami était en route pour rejoindre Louis bien décidé à quitter l'île. Cette fois, la coupe était pleine, il étouffait au milieu des 3 malades psychiatriques. Il y avait donc urgence, et c'est effectivement dans son laboratoire que Madame ' Hyde ' a préparé sa potion bien gardée, enfermée à double tour jusqu'à l'heure du dîner.

Selon les différentes versions des 3 associés, quelques détails diffèrent car tous racontent la préparation d'une salade... Il y a une très bonne bouteille qui selon les dires vient d'être ouverte ou est sur le point de l'être... tous relatent un moment de bonheur, de plaisir partagé. Il était facile pour la maîtresse de maison qui dirige tout, de servir le verre de vin pour son mari et d'y glisser la potion à base d'opium préparée le matin.

Ce scénario, elle l'avait déjà répété dans un grand restaurant en Californie avec Belle mais Louis n'était pas encore célèbre, c'était trop tôt et surtout Fanny avait été surprise par le jeune serveur qui l'avait vue mettre de la poudre dans le verre de son mari dans le reflet du miroir.

Elle s'est justifiée en disant qu'il avait un traitement pour l'estomac mais n'aimait pas le goût et donc ne le prenait pas sinon. Fanny le soignait bien sûr, malgré lui.

Quand Belle raconte l'anecdote, elle ajoute que Louis avait inventé une histoire rocambolesque et avait dit à sa femme :

" Tu ne pourrais pas m'empoisonner, tu serais accusée d'avoir voulu toucher l'héritage."

En Amérique, à cause de cet incident, l'empoisonnement n'était pas possible, même par la suite en Grande-Bretagne ou en France où il y aurait autopsie, c'était inévitable ! En revanche à Samoa, c'était beaucoup moins risqué, le temps d'informer, il serait déjà enterré. Le but du jeu étant de faire croire au monde entier qu'il était heureux au moment de sa mort et vénéré par les indigènes.

Louis perd connaissance vers 18h30, son rythme cardiaque va ralentir pendant presque 2h pour s'arrêter. Dans les effets secondaires de l'opium, la baisse de tension (avec impossibilité de se tenir debout) et le ralentissement du rythme cardiaque sont mentionnés. Si l'équivalent d'un somnifère est ajouté il n'y a pas de vomissement.

Eugène Chantrelle, professeur de Français à l'université d'Édimbourg, avait été condamné parce que sa victime, sa femme avait vomi l'opium qu'il lui avait administré peu de temps avant sa mort et Fanny le savait, elle connaissait l'histoire, c'était une évidence que Louis ne devait pas vomir. Il est probable que l'opium ait été administré à son insu dans le verre de vin qui n'a pas dû rester longtemps sur les lieux du crime...

Aucune larme ne coule, ni Fanny, ni Belle, ni Lloyd ne verserons une larme, personne ne s'en donnera la peine, puisqu'il n'y a aucun spectateur. Lloyd prend de nombreuses photos, beaucoup trop, de Louis décédé dans son lit de mort, entouré de fleurs, veillé et pleuré par les indigènes.

À 15h le lendemain Robert Louis Stevenson est déjà enterré. Lloyd et Fanny ont déployé les grands moyens pour l'emmener très loin, en haut du Mont Vaeo dès 13h. Selon elle, c'est là qu'il voulait être enterré ! Bien sûr, elle a fait inscrire les mots que Louis souhaiterait avoir sur sa tombe et personne ne peut la contredire :

Under the wide and starry sky

Dig the grave and let me die

Glad did I live and Gladly die

And I laid me down with a will

This be the verse you grave for me

Here he lies where he longed to be

Home is the sailor home from sea

And he hunter home from hill

Il est écrit dans ce Requiem que Louis a vécu heureux et qu'il meurt heureux au cas où certains en douteraient.

Pourtant il disait n'avoir été heureux qu'une seule fois dans sa vie, dans le sud de la France à Yerres, (quand il échappait à la vigilance de sa femme pour rejoindre son cousin Bob).

Je pense que lorsqu'on a pris des notes pour Louis, qu'on a lu et relu son style, composé ces quelques lignes est un jeu d'enfant et ces mots n'ont rien d'extraordinaire, à côté de ceux qu'il a écrits à Katharine De Mattos ,à qui il a dédié L'étrange Cas du Docteur Jekyll et Mister Hyde :

« Malheur à qui vient rompre les liens tissés par Dieu,

Soyons toujours enfants du vent et des bruyères,

Car même loin du pays, c'est toujours pour nous deux,

Que le genêt fleuri au nord de l'Angleterre. »

Là, c'est sûr, c'est bien Robert Louis Stevenson qui est l'auteur de cette magnifique poésie, il n'y a pas l'ombre d'un doute et l'Écosse est bien évoquée.

C'est chez lui, en Écosse que Louis aurait souhaité rentrer et être enterré, à Édimbourg, près de la mer et des bruyères dans le brouillard et le soleil du Nord.

Les photos de Louis, sur son lit mortuaire font le tour du monde et prouvent bien que le souffle l'a quitté alors qu'il était très heureux comme le confirme le Requiem. Pas l'ombre d'un doute pour tous les admirateurs du grand homme, le public est si bien manipulé que l'idée d'une autopsie ne l'a même pas effleuré.

Pour remercier le marbrier qui a gravé ce qu'elle avait demandé sur la tombe de Louis, Fanny fera de lui son amant de quelque temps.

En effet, c'est le moins qu'elle pouvait faire, elle avait tant aimé son mari !

D'autres rencontres intéressées suivront... Ned Field en 1903 est une proie qu'elle ne laissera pas échapper...car celle-ci aussi vaut de l'or...

LES VICTIMES

" L'univers le plus inhumain devient humain par la force de l'habitude."

Yasunari Kawabata

Ma grand-mère maternelle a supporté l'inhumanité de son mari, pendant 70 ans.

Elle a accepté l'inacceptable par habitude, pour préserver l'unité familiale et remplir un rôle qu'elle croyait sien.

Enfin, elle a vécu 3 ans en femme libre après la disparition de son roi, son bourreau... Elle a voulu laisser une trace de la cruauté endurée, dans une lettre aujourd'hui dissimulée par sa fille aînée.

Un autre Louis, mon arrière-grand-père paternel et Henri mon grand-père ont tous deux enduré la cruauté de leurs épouses sociopathes pendant plus d'un demi-siècle. Seul le premier a survécu et m'a transmis sa force, le second a bu le venin distillé par la créature, jusqu'à en étouffer.

Et oui, comment Louis Stevenson aurait-il pu imaginer qu'en distillant du parfum, Fanny préparait un poison mortel.

Il a été la victime régulière des pervers narcissiques Osbourne / Van de Grift pendant presque 20 ans.

La force du mal sera multipliée par 2 pendant 4 ans dès les 16 ans de lloyd puis par 3 au cours des 6 dernières années quand Belle aura rejoint la famille, ce qui serait équivalent à 37 ans de destruction psychique.

Quand je constate les dégâts de la violence perverse sur ma personne en moins de quelques mois, j'ose à peine imaginer les dommages au bout de tant d'années...

Aveuglé par le coup de foudre (fabriqué par Fanny), Samuel Osbourne le premier mari de Fanny a aussi gommé tous les défauts de sa bien-aimée, au combien pugnace qui ne lâchera pas sa proie vivante.

Fanny ne supporte pas sa nouvelle femme, qui lui ressemble terriblement physiquement mais qui est d'une grande gentillesse. Elle la déteste, pourtant elle va jouer la fausse carte de la pitié et la faire passer pour une victime, la pauvre il l'abandonne et part souvent en voyage, la laissant sans un sou, même pas de quoi se nourrir. Entre Belle et Fanny, les versions divergent quelque peu, la mère dit qu'elle lui aurait donné de l'argent par pitié, comme elle a bon cœur ! Voire même offert une rente à vie ! Quelle générosité ! Surtout qu'elle l'a dénigrée avec une telle haine peu de temps auparavant.

C'est juste un paradoxe de plus !

Ce paradoxe fait partie de la pathologie psychiatrique, il n'a donc rien d'étonnant. Je suis convaincue que Fanny Stevenson est responsable du suicide de Samuel Osbourne : jusqu'à la majorité de Sammy, le père était en droit de récupérer son fils (qui n'avait aucunement envie de vivre avec Samuel, son père). Dès que Samy Osbourne a atteint sa majorité, le père n'avait plus de droit sur lui, Fanny l'a donc débaptisé pour lui donner en prénom le nom de famille de son père biologique : Lloyd qu'elle avait hébergé en Californie pendant les longues absences de Sam Osbourne, son mari. (D'ailleurs Belle et Fanny mentaient au sujet de ces abandons de domicile de quelques mois pour le travail qu'elles sont allées transformer jusqu'à 2 longues années où l'épouse transie croyait que son mari était décédé !)

18 ans après l'avoir trompé, Fanny lui révélait indirectement que celui qu'il croyait être son fils était en fait celui du célèbre banquier John Lloyd... en même temps, elle lui fait comprendre qu'elle ne l'aime pas et ne l'a jamais aimé. Une attaque double digne d'une sociopathe !

Samuel est allé au tribunal un soir d'octobre 1886 où il a appris la nouvelle que Mme Stevenson lui avait spécialement concoctée. Il ne dira rien, ses affaires personnelles ont été retrouvées sur la plage, il a dû nager face à la mer jusqu'à épuisement. La nouvelle l'a profondément affectée, au point de ne plus avoir envie de vivre. Il a dû nager perpendiculaire à la plage pour s'arrêter à bout de force pour ne plus pouvoir revenir. L'ex-mari de Fanny ne connaît rien aux énergies subtiles, il n'a donc pas coupé les traceurs, ces filaments magnétiques qui le reliaient encore à son bourreau. Il a pensé à tort qu'il était toujours amoureux d'elle, car il sentait bien qu'il l'avait dans la peau. Ce n'était pas de l'amour mais du vampirisme. Sam était complètement dingue de Fanny comme tous les hommes qu'elle enjôlait. Il ne l'a jamais abandonnée en France, il a même fait le voyage d'un mois de traverser pour la persuader de rentrer en Amérique. Le 9 avril 1876, il avait emmené sa femme et ses 2 enfants assister au spectacle La Jeanne d'Arc de Mermet à Paris (Cf Alexandra Lapierre. Fanny Osbourne) C'était un dimanche et Hervey était décédé le mercredi précédent, il n'est certainement pas enterré lorsque la famille va se divertir au théâtre... c'est assez surprenant ou les dates sont fausses...tellement de mensonges ont été inventés

pour cacher la vérité. J'ai trouvé une autre date d'arrivée en mai 1877 qui serait beaucoup plus plausible. Le petit Hervey n'a pas survécu au milieu des sociopathes et son père est arrivé trop tard pour le sauver.

Après le suicide de Samuel Osbourne, Fanny fait courir le bruit que son ex-mari ne s'est certainement pas suicidé, il a dû encore partir en voyage et abandonner sa nouvelle femme. D'après ses dires, nous en déduisons que si elle était restée auprès de son mari, elle serait à la place de la veuve aujourd'hui, sans aucune ressource ! La pauvre !

Joe Strong, Le premier mari de Belle a beaucoup souffert aussi, il décède au même âge que le premier mari de Fanny, le même jour, même mois que le décès d'Hervey le 5 avril, ces synchronicités sont assez surprenantes...

Ce schéma de répétition fait froid dans le dos, sachant que les 2 hommes ne sont pas décédés de mort naturelle. En effet Joe sera emporté par une indigestion ! Du jamais vu ! Il s'en passait des choses étranges au 19e siècle !!!

Ned Salisbury a dû beaucoup souffrir, tout comme Katharine Durham (première femme de Lloyd) et tant d'autres victimes qui ont approché d'un peu trop près les pervers narcissiques, redoutables voleurs d'existence, fins saboteurs de vie.

JULIAN BUKITS

Julian Bukits, mon ami écossais possède des atouts majeurs comparés aux soi-disant ' Grands Spécialistes de Stevenson ' : Il connaît Édimbourg comme personne, parle anglais et écossais.

Attiré par la souffrance, c'est un "pense trop" comme moi, il se pose 1000 questions pour découvrir la vérité.

Il y a près de 20 ans, il avait besoin de connaître l'histoire de sa rue quand il a emménagé dans son magnifique appartement face à la colline, au 3e étage avec une vue imprenable sur la capitale. Lors de cette recherche il est tombé sur le nom de James Tunny et d'autres mais il a été attiré par l'étrangeté de tous ces décès non naturels dans cette famille. Très vite, Julian comprenait que cet homme, le plus grand photographe de sa ville avait empoisonné ses 3 femmes un an après leur avoir fait signer une assurance vie. Sa richesse, il la devait aux meurtres successifs, dont il était l'auteur et ce qui étonne Julian c'est qu'il n'y ait pas eu de tribunal pour le condamner.

À 42 ans, l'intuition de mon ami écossais fonctionne à plein régime, pour cette raison une petite voix lui souffle à l'oreille que ce monstre meurtrier a inspiré Robert Louis Stevenson pour son personnage Jekyll / Hyde, un sociopathe connu dans le monde entier, même par ceux qui n'ont jamais lu le roman : Docteur Jekyll et Mr Hyde.

Il est très probable qu'Eugène Chantrelle, pendu pour avoir empoisonné sa jeune femme à l'opium, après lui avoir fait signer une assurance vie, a légèrement aidé le grand auteur dans la rédaction de son œuvre, mais Julian pense que la source principale a été James Tunny, le psychopathe-photographe.

Grâce à une immersion totale dans la vie et dans plusieurs œuvres de R.L.S, Julian a appris le langage Stevensonien, un codage établi par Louis pour dénoncer les crimes des sociopathes derrière une 3e couche de compréhension des romans que seul mon ami écossais parvient à décoder.

Une énergie a guidé Julian pour lui révéler le nom de celui qui a inspiré le personnage machiavélique le plus connu au monde. Aujourd'hui, mon ami a des preuves, des passages précis des œuvres où le célébrissime photographe est évoqué. Derrière la fiction, une histoire authentique se cache, celle de la vie de Robert Louis Stevenson qui dépasse même l'imaginaire le plus fou.

Mais qui donc se cache derrière cette énergie déterminée, ce guide qui conduit mon ami à faire éclater une vérité bien gardée depuis plus d'un siècle. James Tunny lui-même ?

Son énergie est-elle capable de remords ? ou plutôt le fils aîné, Cornelius, l'ami de Louis, celui avec qui il faisait des batailles de boules de neige, sans doute assassiné à l'âge de 14 ans... cet enfant que le monstre a privé de sa maman à l'âge de 3 ans et de sa belle maman, 3 mois avant le départ prématuré de ce petit garçon. La mort de cette dernière semble avoir entraîné le décès du jeune homme...

À mon avis, il est celui qui a le plus souffert, le plus été abîmé par la cruauté perverse de son propre père. Cet enfant avait la vérité mais pas le moyen de la faire éclater, alors aujourd'hui son énergie ne peut que guider une personne de confiance qui aura la persévérance et le courage requis pour effacer une injustice dévastatrice, commise il y a un siècle et demi. En rétablissant la justice, Cornelius sera apaisé pour se réincarner dans un autre corps, une autre vie, qui sait ?

Quant à moi, j'ai été mise sur la route de Julian en mai 2016, pour l'épauler, le motiver lorsqu'il était découragé et lui apportais une autre partie de la vérité tant recherchée. C'est le cri d'un autre enfant que j'ai entendu, celui qui dormait en Louis jusqu'à son dernier souffle.

Mon ami écossais a été placé sur mon chemin par un petit ange gardien pour me prévenir, m'avertir que je courais un grand danger.

Sous emprise, j'entendais l'histoire incroyable de James Tunny qu'il me racontait, sans comprendre que j'étais moi-même entrée dans un schéma identique à toutes ces femmes assassinées.

Le brouillard m'empêchait de voir...

LA FUSION LOUIS /FANNY

Fanny à Grez sur Loing, elle a tout de suite senti que Robert Louis Stevenson avait des fuites énergétiques dues à des prélèvements antérieurs provoqués par d'autres vampires (dont James Tunny qu'il côtoyait régulièrement dans son cercle d'amis). Lorsque l'aura (le contour des fines couches subtiles qui enveloppent notre corps physique) présente des trous, des fissures, il est encore plus facile pour un vampire de se servir sur un surefficient à l'aide de tubes creux, ces filaments invisibles qui permettent de voler l'énergie vitale, de pénétrer l'inconscient et d'entrer dans les rêves aussi.

Dans The Ethical Psychic Vampire, Raven Kaldera (vampire primaire, donc né vampire, d'un parent vampire) explique clairement comment il fait, comment tous les vampires pratiquent pour se nourrir d'énergie prélevée sur les humains. D'ailleurs il recherche des donneurs volontaires gratuits qui par compassion seraient prêts à se laisser prélever en toute connaissance de cause !!!

Le manque affectif de Fanny a attiré Louis, à des kilomètres à la ronde, car leur fusion était évidente. Cette femme a constamment attiré le regard du monde entier, par ses scandales, son extravagance, la violence de son énergie. Sans nul doute, cette femme hors norme, cette manipulatrice hors pair a été le meilleur agent publicitaire au monde.

Jamais Louis n'aurait pu avoir une meilleure promotion pour ses romans.

Ses mensonges ont un impact extraordinaire sur les esprits pour éveiller la curiosité. Fanny sait manipuler les critiques et le public comme personne.

Il est fort probable qu'en pénétrant les rêves de Louis, elle ait influencé ses œuvres au-delà de sa pathologie psychiatrique. Sur l'île des lépreux, Molokai, le 22 mai 1889, soit 3 ans après la parution de Dr Jekyll et Mr Hyde, n'est-il pas étrange que notre auteur fasse la rencontre de l'affreux révérend Hyde ! N'a-t-il pas eu accès à ses propres rêves infiltrés par les prémonitions de sa femme (en pénétrant l'inconscient de Louis endormi) à ce nom de famille, qui n'est autre que la face cachée de Jekyll, la force du mal ?

Très étrange aussi que l'orthographe soit identique à celui du révérend et différent du verbe « hide » qui se traduit en français par "cacher". La coïncidence est troublante, non ?

Louis a donc eu accès par ses propres rêves ou sous l'influence du vampirisme de son épouse, au "futur" de sa propre existence.

L'alliance Louis / Fanny, l'écorché vif et le vampire a permis à R.L.S de dénoncer les turpitudes de James Tunny (Cf Julian Bukits) et bien au-delà : cette force du mal innommable, invisible et indicible qui fait des ravages dramatiques sur l'humanité depuis la nuit des temps.

Sans la soif de pouvoir de Madame Stevenson, Louis se serait contenté d'une vie de bohème au succès modéré. En brûlant la première version du roman Jekyll/ Hyde, dans laquelle Fanny reconnaissait trait pour trait la pathologie psychiatrique qui était sienne, ce qui lui était insupportable, elle a obligé Louis à dénoncer le mal, en le dissimulant sous la fiction apparente du roman.

C'est avec beaucoup de finesse qu'il s'est arrangé, pour que certaines personnes comprennent de quoi il s'agissait et d'autres pas. C'est l'unique moyen qu'il a trouvé pour hurler la vérité et se débarrasser d'un poids, qui lui était insupportable depuis l'enfance. Louis, il sait de quoi un sociopathe est capable, il connaît sa cruauté illimitée.

Les actes de barbarie d'Eugène Chantrelle et James Tunny en attestent, ces monstres sont capables du meilleur comme du pire et Louis a bien connu ses créatures, surtout Mr Tunny.

Je sais que les victimes de PN aiment et détestent leur bourreau. Julian Bukits partage le même avis que moi en décryptant les œuvres de R.L.S... Louis aimait et haïssait le photographe-meurtrier. Néanmoins, il ne parvient pas à sortir du cercle infernal, du piège mortel que Fanny lui a tendu et ne peut admettre que son épouse est aussi cruelle que James Tunny, qu'elle est prête à tout pour parvenir à ses fins. Elle aussi, il l'aime et la déteste, c'est ce que ressentent toutes les victimes pendant la dépendance, un mélange d'amour et de haine qui empêche la sortie d'emprise d'avoir lieu.

Louis, il s'est marié pour la vie, c'est un idéaliste, pour le meilleur et pour le pire, en revanche il n'a pas idée du pire...

LE CREUX DE LA VAGUE

Quand Louis achève Le creux de la vague, sa véritable dernière œuvre qui a pour titre celui d'un chapitre de mon premier livre, (quelle étrange coïncidence car à ce moment-là, j'ignorais l'existence de ce roman), Louis sait inconsciemment qu'il a franchi un point de non-retour et la présence de la mort est à l'origine de la noirceur de son roman.

L'auteur s'en excusera même auprès de son ami Henry James, dans une lettre du 17 juin 1893 et lui confiera, qu'il est bien trop fatigué pour remanier son roman. En effet, il n'en a plus la force. Malgré la censure, il a pu faire passer de nombreux messages avec sa propre autocritique à travers le personnage de Robert Herrick. Il affirme son caractère athée, glisse des remarques sur la perversité narcissique : "une cruauté de fer, une insensibilité de fer aux souffrances d'autrui, la poursuite implacable de ses intérêts propres, une froide culture, des manières dépourvues d'humanité."

Il parle de " son âme harcelée et déshonorée" où "il n'y a plus aucune place pour lui-même." Il est évident qu'Herrick (Louis) a subi un meurtre psychique. « Il ressemblait à un homme précipité du haut d'un pilier et dont tous les os étaient brisés... »

Aucune échappatoire n'est possible et Louis s'en veut terriblement : « Il existait des hommes capables de commettre un suicide ; il existait des hommes qui en étaient capables ; il faisait partie de ceux qui en était incapable. »

J'ai bien l'impression que Huish, c'est Lloyd. Un être que Louis qualifie de 'sarcastique', de 'bête immonde'.... 'ignoble de férocité', en même temps il incarne "le pervers narcissique", le sociopathe qui n'hésite pas à brûler le visage d'un homme avec du vitriol. C'est abominable, mais pour ces créatures, la cruauté n'a pas de limite, elles sont prêtes à tout.

Le chiffre 3 revient fréquemment. Les 3 mauvaises personnes ont perdu leur prénom, "cependant aucun d'entre eux n'avait comparu devant les tribunaux."

Lloyd s'appelait Samy en réalité, Belle : Isabella et Fanny : Mathilda et tous 3 ont un casier judiciaire vierge. Je ne crois pas au hasard.

Louis, il est comme le bateau, le ' Farallone 'FAR-ALONE, il est loin et il est tout seul sur cette île maudite, un indésirable qu'il faut détruire à tout prix pour toucher l'héritage.

Il se tient recroquevillé et mal à l'aise sur ses derniers portraits et dans cette dernière œuvre, Louis " s'attache à montrer des corps soumis à des postures sinon, du moins recroquevillées." Stevenson a supporté "l'insupportable" et s'étonne de sa " patience".

Herrick (Louis) s'émerveille comme un enfant des beautés des mers du Sud "une myriade de poissons multicolores font l'attrait, tandis qu'une myriade de pâles fleurs coralliennes tapissait le fond de la mer, il était transporté. Dans la jouissance satisfaisante de ses yeux, il oubliait le passé, le présent ; oubliait qu'il était menacé par la prison d'un côté et la famine de l'autre ; oubliait qu'il était venu sur cette île avec l'énergie du désespoir, en se raccrochant à des expédients !" (Les expédients se sont les 3 machiavels bien sûr, en fuyant les dangers d'Édimbourg, il s'est jeté dans la gueule du loup, des loups plutôt !)

Il mentionne également "le sentiment d'être épié, d'être manipulé et d'avoir une épée Damoclès suspendue au-dessus de la tête qui confinait à l'intolérable." Dans une lettre à Emma qui semble incarner ses premiers amours, Claire (Kate Drummond) la jeune serveuse dont il était profondément épris et d'autres jeunes femmes rencontrées chez son ami photographe Tunny.

Louis fait ses adieux. Il est question d'enfants...Louis en aurait-il eu ? Il faut lire Julian Bukits pour en savoir davantage sur ce sujet.

Il achève sa lettre par un dernier baiser, fait croire qu'il est heureux dans les îles, mais ne peut s'empêcher d'écrire qu'il "se meurt ..."

Jean-Pierre Naugrette dira que c'est un roman qui " sent la mort qui rôde, la désillusion, la nausée, la peur du mal ". En effet il ne croit pas si bien dire, le Mal est sur le point d'achever son œuvre.

Le personnage attachant de l'histoire s'est Herrick, il incarne la déchéance, la pente, le suicide, aucune échappatoire n'est possible, il ne peut entrevoir le bout du tunnel et il est incapable de se suicider. Cet homme lâche, ce lâche c'est Louis (qui n'est absolument pas lâche en réalité), dépouillé de ses espérances, sans être tout à fait désespéré. Il est capable de sauver son prochain, doute de tous les projets, de tous les dogmes, parce qu'il doute profondément de lui-même.

C'est ce manque de confiance, volé dans l'enfance par un parent (très certainement son père), un grand-parent... C'est cette blessure d'âme qui va empêcher Louis de s'extraire du piège diabolique. Personne ne pourra sauver Robert Louis Stevenson, pas même Baxter son meilleur ami qui arrivera trop tard...

ÉTRANGE RENCONTRE

En octobre 2019, lors de la promotion de son dernier livre, je fais la connaissance d'un journaliste d'investigation qui s'intéresse à la vie dans l'au-delà.

Cet homme, c'est Stéphane Alix et moi je viens tout juste d'achever la lecture de son ouvrage : Quand j'étais quelqu'un d'autre, un livre remarquable.

« La guérison des vivants guérit les morts »

Au moment où je découvre la vérité en décembre 2016 et que je sors du piège machiavélique dans lequel un policier psychopathe m'avait enfermée, je décide d'écrire ce qui m'est arrivé pour sauver l'humanité de l'enfer des sociopathes et en même temps, j'enquête sur Stevenson, ma vérité et la sienne sont identiques.

Moi, j'ai eu accès à une connaissance pendant ma vie incarnée sur terre et lui à sa mort, dans cette autre vie où il n'est plus dans son corps où il était énergie. Une énergie frustrée, humiliée et écorchée qui ne peut plus faire éclater la vérité.

Je viens seulement de comprendre que cette énergie, cette âme, celle de Stevenson n'était pas restée à Vailima sur cette île du Pacifique... Le jeune homme que j'avais rencontré avec sa compagne au musée des écrivains en mai 2018 à Édimbourg ne m'avait-il pas dit : je suis allez sur sa tombe là-bas mais il n'y a rien d'autre qu'une pierre tombale." Il ne croyait pas si bien dire !

L'Amour que Louis avait pour son pays l'a ramené en Écosse dans sa ville natale d'Édimbourg.

J'ai le sentiment que par Amour de la Vérité et de l'Humanité, il m'a choisie moi, professeur d'anglais aux origines latines, normandes et celtiques pour faire éclater la vérité, démasquer la perversité qui l'a tuée.

Pendant 3 ans, j'ai été guidé par des énergies, des Anges, des lectures choisies pour accéder à la connaissance, à la vérité.

Des personnes bienveillantes ont été mises sur ma route aussi pour panser mes blessures et me renforcer.

J'ai mis 3 ans à guérir. Mes plaies ont cicatrisé, mon cœur s'est ouvert à nouveau à l'amour, à la vie.

Au-delà de l'hommage que je rends au grand homme Robert Louis Stevenson, j'ai aidé son âme à guérir par ma propre guérison. J'ai pardonné à ces êtres cruels qui eux-mêmes avaient subi la cruauté illimitée de leur propre famille.

J'ai pardonné mais je n'oublie pas.

Cette souffrance, cette torture est transmise de génération en génération et doit cesser.

C'est Robert Louis Stevenson qui m'a aidée à dénoncer la perversité narcissique ouvertement, sans haine dans le respect de l'humanité tout entière.

Tous les êtres ont une mission, un rôle à jouer sur cette terre. Ça ne signifie pas que tous ceux qui "pensent trop" comme Louis, comme moi et tant d'autres, parce qu'ils sont hypersensibles et qu'ils ont des blessures d'âme comme tout le monde, méritent la mort...

La connaissance et l'ancrage permettent l'identification du mal.

La puissance de l'amour, la confiance et l'estime de soi sont des forces protectrices inestimables et salvatrices qu'il faut préserver ou retrouver.

J'ai survécu pour transmettre mes connaissances, pour que ces crimes contre l'humanité cessent.

C'est l'acceptation de l'existence des mondes subtils, des énergies qui subsistent après la mort qui m'a permis de sortir du piège, de retrouver ma liberté, en brisant les liens invisibles qui me reliaient à mes bourreaux.

Louis travaillait déjà sur ces mondes là mais il lui manquait des éléments pour s'extraire du piège triangulaire, tendu par 3 machiavels simultanément pendant des années.

En dévoilant une vérité que Louis était dans l'impossibilité de révéler à l'humanité, je me suis libérée et j'ai libéré son âme.

Aujourd'hui, je me sens aussi légère qu'elle.

Je m'envolerai éternellement pour Édimbourg, ville d'ombre et de lumière, car j'éprouve le besoin de sentir cette énergie, cette âme au plus près, au plus profond de moi...

The end...

ÉPILOGUE

Les 3 Machiavels vont vivre dans l'aisance jusqu'à leur mort. Il n'y aura pas de karma, pas de punition, aucun retour de bâton pour eux...

Fanny :

Elle vivra dans l'opulence, grâce à l'héritage Stevenson épaulée par les bons conseils de Nerd pour faire fructifier cette richesse sur le long terme. Elle va s'acharner à gommer toute preuve compromettante et dissimuler l'imposture.

Lloyd Osbourne/Stevenson :

Il terminera un livre à peine commencé de Louis : Hermiston le juge pendeur, où le style du grand écrivain a totalement disparu. Ainsi, grâce à une pseudo co-écriture, Lloyd jouira du succès. La notoriété de Louis, lui ouvrira les portes du monde littéraire avec un petit succès à la hauteur de son potentiel.

Il aura de nombreuses proies, victimes, dont une jeune française à qui il avait fait un fils juste avant la déclaration de la 2e Guerre mondiale. Peu courageux, il fuira la France pour les États-Unis en abandonnant la très jeune femme et son bébé.

Finalement si, le Karma pointe son nez puisque Lloyd décède pendant que son fils et la mère font le voyage pour le rencontrer. Il semblerait que la perspective de la honte l'ait tuée, car il allait devoir rendre des comptes à cet enfant qu'il avait abandonné, le grand Lloyd, le riche héritier ne pouvait supporter cette image de lâche qu'il aurait renvoyé aux autres et à lui-même. Il a préféré mourir que d'être humilié.

Belle :

Très certainement la pire des machiavels. Elle a poursuivi l'œuvre de sa mère avec le dernier amant de sa maman, comme c'est mignon !!!!

Elle va hériter à la mort de sa mère, des maisons, objets, de nombreux biens ayant appartenu à Robert Louis Stevenson, ainsi que des terrains que Ned Field avait fait acheter à Fanny et d'où sortira de l'or, du pétrole... Elle sera milliardaire.

Son dernier mari officiel, après avoir été le mari de sa propre mère, un homme hypersensible, d'une grande intelligence, lui sera encore très utile. Et malheureusement, il décède comme le premier mari de Belle, encore d'une indigestion. C'est grotesque.

Elle a fait rédiger une biographie de sa mère par sa tante hypersensible et toujours sous l'emprise de sa sœur (Fanny) même après sa mort, pour associer sa mère au mythe, à l'Empire Stevenson.

Cette femme a enterré toute sa famille :

Ses 2 maris officiels, sa mère, son fils, traversé les 2 guerres mondiales et pas de Karma sur cette terre pour elle.

Elle aurait eu 2 enfants, Austin Strong élevé par sa sœur, très artistique avec semble-t-il un vrai talent et un autre dont on n'a jamais entendu parler...Une longue vie terrestre, 94 ans, ce qui est beaucoup pour l'époque...presque un cycle complet de vie (98 ans) ...

Mais 94 ans sans amour...une femme à la fois riche et d'une grande pauvreté...Un regard sombre sans aucune expression...Effrayant ! L'Amour, la plus haute fréquence vibratoire ne s'achète pas...

Qui a récupéré les droits d'auteur de la succession Stevenson dont Lloyd a joui un certain temps ?

130 ANS APRÈS LA DISPARITION DE LOUIS...

Une date anniversaire mémorable dans les sphères littéraires : Nous sommes en 2024, plus d'un siècle que Louis nous a quitté et pourtant, il est encore si présent.

Il s'est envolé à 44 ans, terrassé par ses meurtriers.

130 ans que le trio PN, composé de Fanny, Belle et Lloyd, et maintenant sa descendance touche les royalties.

Une imposture de grande ampleur, des milliards...

Quel rôle joue aujourd'hui le cercle Stevensonien d'Édimbourg ?

- Promouvoir une image erronée de la vie de Robert Louis Stevenson ?

- Est-il un bouclier protecteur des pseudo-héritiers du grand écrivain ?

- La censure serait-elle toujours d'actualité pour ne pas faire éclater la vérité ?

Au 3e millénaire : ce livre rend justice au grand homme qui a dénoncé ses meurtriers, dans son dernier ouvrage :

"Ebb tide", traduit par Le creux de la vague en français ou Le reflux (selon le traducteur) dans lequel Louis échappe à la censure triangulaire de sa femme, sa belle-fille et son beau-fils, avec une grande sensibilité, une profonde intelligence.

C'est un Louis drainé, épuisé, vidé de toute essence qui retouche une dernière fois pendant l'automne 1894, son manuscrit, dénonce ses meurtriers derrière ses mots, démasque les 3 membres Osbourne /Van de Grift avec subtilité sous une 2e, voire une 3e couche de lecture.

Aucun des 3 Machiavels n'a perçu la dénonciation subtile, le cri d'un homme qui sait qu'il va mourir et qui donne de nombreuses informations sur ses meurtriers.

Notre inconscient sait 9 mois avant notre mort, que nous allons rejoindre l'au-delà (cf. Stéphane Alix) ...Le même temps est nécessaire pour créer un petit être humain...un bébé.

Quand Louis achève Le Creux de la Vague, il va encore tenter de s'échapper en appelant Baxter, son meilleur ami, dans une dernière lettre.

Alors, c'est dans l'urgence que les 3 meurtriers organisent sa disparition ainsi que son enterrement extrêmement rapidement : décédé le soir, enterré le lendemain après-midi...à cause de la chaleur, bien sûr !!! Il semblerait que son âme ait tout juste eu le temps de quitter son corps physique...

Les pervers narcissiques ont toujours une bonne raison pour justifier leurs actes et cette dernière tient toujours la route...La chaleur... et oui bien évidemment !!!

Lloyd aura pris soin de faire une quantité vertigineuse de clichés pour informer le monde entier, lorsque Louis est déjà enterré. Aucune autopsie.

Quant au journal intime de Louis, il a été retrouvé chez Mrs Sitwell, meilleure amie et femme de Colvin, ami et éditeur en quelque sorte qui avait pourtant dit que Fanny était « insane », folle à lier !!!

Ce précieux journal a été remis à Fanny Stevenson en personne et sa famille. Évidemment, il n'a jamais été retrouvé.

En effet, il dérangeait le trio PN et a dû finir au feu comme la première version de Dr Jekyll et Mr Hyde.

Quant à Baxter, meilleur ami de Louis, il était sous l'emprise de Fanny, puisqu'elle avait accès à ses émotions à distance, il a dû céder des informations importantes sous le harcèlement de la riche héritière. Possible même qu'elle l'ait fait chanter car elle détenait des secrets compromettants. Elle connaissait sa faille...

Il semblerait que pour maintenir l'emprise parfaite du vivant de Louis, 5 personnes étaient retenues prisonnières par FANNY dans le cercle infernal : LOUIS, BAXTER, COLVIN, HENRY JAMES, peut être CHALMERS, le peintre...En tout cas l'équilibre était fragile, Bob et Henley avaient je pense, quitté le cercle. Baxter va tenter de s'échapper pour la France, en quittant l'Écosse et fuyant pour Paris où il décédera. Son fils se suicidera quelques années plus tard... Le venin de la perversité narcissique Osbourne/Van de Grift n'est pas mort avec Fanny, bien au contraire, la force du Mal s'est renforcée avec Belle qui a pris le relais. C'est ainsi que le fils de Baxter a payé de sa vie...PN de mère en fille, victime de père en fils...Triste schéma...Terrible triangle de Karpman...

Si Louis avait eu un enfant sur cette terre, aurait-il payé de sa vie ou aurait-il survécu suffisamment longtemps pour avoir des enfants ?

C'est à la descendance de Louis que revient son héritage et les royalties. Si Stevenson pouvait parler, il aurait également donné pour la recherche de la maladie psychiatrique, sociopathe/psychopathe, pour que cesse ce massacre.

Des millions de livres vendus et étudiés dans le monde entier, au premier degré de lecture très souvent et pourtant toujours aussi fascinants, même pour une étude de surface.

Les royalties se chiffrent à des millions, des milliards...

Qui touche ces sommes colossales aujourd'hui ?

La descendance du trio sociopathe Osbourne / Van de Grift ?

Où se cache-t-elle ?

Tapie dans l'ombre, à faire fructifier le magot volé, transmis de génération en génération, depuis plus d'un siècle.

Entre les gisements pétroliers, les biens immobiliers, les placements... Les royalties des écrits de Louis vendus dans le monde entier, un trafic qui dure depuis 130 ans !!!

HAPPY BIRTHDAY DESCENDANCE OSBOURNE /

VAN DE GRIFT !!!!!!

QUORA. PRINTEMPS 2023.

Une question sur la perversité narcissique sur ma boîte mail, voilà comment j'ai atterri sur cette plateforme d'échange, un nid à "pense trop" où tout le monde y trouve sa place à l'exception des trolls odieux, des contradicteurs et une poignée de PN !

J'y ai rédigé de courts articles pour aider tous ceux qui sont tombés dans le piège mortel. Je suis convaincue que la connaissance peut permettre leur identification et donc rendre les PN inoffensifs.

J'espère de tout cœur que mon premier ouvrage :

LES ANGES BLANCS sauvera des vies. J'ai déjà des retours de lectrices qui me disent qu'elles ont enfin compris ce qui leur est arrivé, grâce à mon livre et que maintenant elles vont pouvoir enfin se reconstruire. En effet, il est utile, avant, pendant et après l'emprise.

Les PN ont fait de gros dégâts depuis la mort de Stevenson. Sur les réseaux, les langues se délient, le ton monte et le silence ne pourra plus jamais les protéger.

En 3 mois, plus d'1 000 000 de personnes a lu mes posts (presque 4 millions au moment où je relis mon livre avant l'édition) des milliers d'échanges en français, anglais et espagnol. De nouvelles découvertes pour moi aussi, car je poursuis mes recherches en parallèle et Quora m'apporte d'excellentes pistes également.

LES PN ATTAQUENT DES ZONES
AU NIVEAU DU CERVEAU

En effet, l'abus narcissique peut laisser beaucoup plus que des dommages émotionnels. L'aspect physique des lésions cérébrales est prouvé par l'université de Stanford et de la Nouvelle-Orléans, les Neuroscientifiques ont prouvé chez les victimes de PN, une corrélation stricte entre des niveaux de cortisol élevés, hormones causées par le stress et une diminution de l'hippocampe au niveau du cerveau. Cette glande est cruciale dans le développement des souvenirs. L'amygdale va être augmentée, c'est l'endroit où toutes les émotions négatives prennent vie, comme la honte, la culpabilité et la peur.

Le PN va constamment stimuler la glande du stress. Pour cette raison, de nombreuses victimes vont développer des stress post-traumatiques.

Paul-Claude Racamier, l'inventeur du terme pervers narcissique, parlait de retournement du cerveau et qu'il fallait le voir pour le croire : voici l'explication scientifique, par le magnétisme et le stress constant, générés par le PN de nombreuses zones cérébrales sont touchées, comme l'hypophyse aussi, ce petit organe qui contrôle la production d'hormones. Le cortisol, les hormones sexuelles, l'ocytocine (Hormone de l'amour, de la confiance et du lien conjugal et social) et bien d'autres ! ! !

C'est un dérèglement total du cerveau qui s'opère, dès le premier contact avec le ou la PN.

Bien sûr, le stress constant va jouer, mais c'est surtout le magnétisme, les énergies qui vont être les premières armes, dès la première rencontre. Donc non, il ne s'agit pas de savoir dire non ou stop, comme le développement personnel le prône si bien. Le cerveau subit des dommages, dès les premiers contacts et ce n'est pas un manque de caractère, ni de volonté qui fait que la victime va se retrouver piégée, mais le fait qu'elle est hypersensible et qu'elle pense trop.

Plus elle va réfléchir à ce qui lui arrive et plus elle va s'enliser par manque de connaissances et plus elle va s'oublier (ne plus faire attention à ses ressentis).

De plus, les mauvaises énergies du PN vont altérer les ressentis.

Les PN sont donc bien responsables de dommages physiques sur le cerveau de leurs victimes, de dégâts concrets et abîment leurs proies au-delà du psychisme...

UNE MALADIE PSYCHIATRIQUE NON RECONNUE

La personne perverse narcissique a eu le cerveau abîmé aussi.

Pour certains dès la naissance (Transmission transgénérationnelle), pour d'autres dans la petite enfance, par un parent PN très souvent. Des tests ont été faits sur une centaine de psychopathes (des PN étant passés à l'acte) incarcérés aux États-Unis.

Tous présentent une amygdale atrophiée ce qui explique l'absence d'empathie, de culpabilité et de remords.

(CF.National Library of medicine an official website of the united states government. Jean Decety.)

D'autres endroits du cerveau ont été touchés.

La perversité narcissique relève bien du psychiatre qui, à défaut de guérir cette maladie psychiatrique est capable de faire évoluer le malade qui a envie de soulager ses névroses (1 PN sur 100, 1 sur 1000 peut être).

Ceux qui ne demandent pas de suivi psychiatrique du tout, (99% des cas très certainement), continuent à pousser l'autre au suicide après l'avoir mis sous emprise. Le schéma utilisé par tous les PN doit être largement diffusé :

LOVE BOMBING : Un coup de foudre d'une intensité démesurée. Totalement fabriqué avec de vrais symptômes.

MIMÉTISME : L'autre a tout comme vous, fait tout comme vous, aime tout comme vous, pense tout comme vous, veut tout comme vous...

FLATTERIE : PN saura parfaitement doser les flatteries, juste ce qu'il faut pour que l'autre l'accepte comme de la sincérité.

CULPABILITÉ : Un sentiment que PN va injecter au goutte-à-goutte par manipulation mentales avec des remarques bien choisies.

CRAINTE, STRESS, PEUR, ANGOISSE seront lentement diffusés, par les mots, les silences, le regard, les déflagrations narcissiques (colère démesurées) les vols énergétiques, l'hypnose...

CRITIQUE SUBTILE, souvent sarcasme... Les critiques seront de plus en plus marquées, de plus en plus virulentes tout au long de la mise sous emprise et l'emprise.

LA TRIANGULATION : PN va laisser sous-entendre qu'il y a d'autres personnes. D'autres hommes ou d'autres femmes pour rendre la proie principale jalouse maladive. PN fera donc naître une jalousie démesurée et s'amusera à provoquer et nourrir un sentiment de honte, qu'il accentuera à sa guise.

LE GHOSTING : Soudain plus de son, plus d'images, PN s'amuse à disparaître sans aucune raison rationnelle. Alors, le cerveau de l'hypersensible va s'affoler et mouliner dans tous les sens, pour se poser 1000 questions à la seconde.

LE STONE-WALLING : PN instaure un mur de silence qui va bien au-delà de l'ignorance car vous devenez invisible, inexistant. Son champ visuel ne vous comptera plus parmi les éléments du décor. Il ne fera pas l'effort de fuir votre regard, vous n'existez plus. Cette technique ne s'apprend pas, elle est innée, seul PN peut la pratiquer et traverser votre corps du regard comme si vous étiez du vide...C'est très angoissant.

GASLIGHTING qui comprend 4 attaques différentes :

- LA COMMUNICATION PARADOXALE : Véritable instrument de décervelage complètement irrationnel.

-LE DENI DE LA REALITÉ : Même quand on lui met le nez dedans, PN va persister à nier la réalité.

- DÉCALAGE ENTRE LES PROMESSES ET LES ACTES : au début de la relation, PN semble être une personne de parole, de confiance et soudain, un grand décalage est perceptible entre les promesses et les actes.

- LA PROJECTION DES FAUTES DU OU DE LA PN SUR LA VICTIME :

PN accuse l'autre de ce qu'il est, de ce qu'il fait pour rejeter toute la culpabilité sur sa victime et se soulager.

Il ne semblerait qu'aujourd'hui aucun des 3 pouvoirs politiques, juridiques, religieux n'ait intérêt à faire reconnaître une maladie psychiatrique qui utilise les énergies pour attaquer le cerveau de l'humanité...

Peut-être parce que les armes utilisées par les PN sont les   mêmes qu'ils utilisent pour manipuler les foules :

Les mots, les énergies et le magnétisme.

UN PN QUI SORT DE L'OMBRE

En décembre 2016, lorsque je découvre la maladie psychiatrique sur Internet, Il y avait ce PN qui répondait aux questions d'un psychiatre. Il disait également :

« Réfléchissez... Pourquoi êtes-vous aussi attirés par nous ? »

Je pense avoir trouvé la réponse : la victime est "autiste asperger léger" très souvent (pouvant soutenir le regard de l'autre ou pas) avec un grand cœur et une belle âme.

Le PN est autiste asperger plus ou moins léger, néanmoins avec une incapacité à soutenir le regard dans une conversation (pour recourir à l'hypnose, il fera une exception) avec tous les vices de l'humanité.

« LE PN EST UN AUTISTE ASPERGER QUI A MAL ÉVOLUÉ »

L'affirmation d'un psychiatre : « le PN est un autiste Asperger qui a mal évolué », c'est pour cette raison que les autistes Asperger légers sont très attirés par lui (ou elle).

J'avais lancé cette réflexion le 30 avril sur Quora car lors d'une rencontre avec un psychiatre, il m'avait fait cette remarque qui m'avait interpelée, car en effet, tous deux sont proches de la nature, ont la peur de l'abandon, une hypersensibilité à l'image qu'ils renvoient à la société (elle est complètement démesurée chez le PN), la peur de l'échec, de se tromper, de ne pas plaire... Aucun ou peu d'amour maternel... (Absence totale du côté PN), tous 2 voient le monde avec des yeux d'enfants, rêvent d'une autre vie aussi.

C'est dans l'enfance, souvent suite à un choc émotionnel que les 2 hypersensibles ont pris des chemins diamétralement opposés.

J'ai rencontré un magnétiseur (sociopathe) qui condamne le PN, car il a choisi la facilité. A cet instant, le PN magnétiseur est dans la peau du héros, il est cet autre magnifique, aux supers pouvoirs et condamne avec virulence sa propre espèce, celle des Vampires !! ! (Et oui, le PN est paradoxal).

Le « pense trop » est convaincu d'être sur terre pour faire le bien et va tout mettre en œuvre pour sauver l'humanité et le PN a fermé son cœur à clé pour ne plus être abîmé, plus personne ne pourra y entrer et il va se persuader, qu'il est le héros qui va sauver le monde.

(cf. Breivik en Norvège qui assassine 77 personnes innocentes pour le bien de l'humanité !!!!)

Le PN a rejoint une grande toile d'araignée : La force du mal. Il est habité par l'esprit malin qui va détruire, se nourrir du chagrin, de la peine, de la souffrance qu'il va sciemment provoquer pour survivre dans un corps qui n'a d'humain que l'aspect.

Le PN a une moitié saine (L'ange) pour séduire et se fondre à merveille dans la société et une moitié pourrie (Le démon).

Il est mi ange, mi démon : une sorte de demi-dieu raté.

Le 'pense trop' avec son grand cœur et son hypersensibilité, est convaincu qu'il doit sauver le monde et le PN dans sa psychose blanche, s'est persuadé qu'il est le héros qui va sauver l'humanité.... C'est ce que l'esprit malin lui fait croire alors qu'il n'est que le petit serviteur du diable. ...

Le PN, c'est la face obscure, les ténèbres de l'humanité. Les psychiatres spécialisés PN, reconnaissent qu'étonnamment, il y a des similitudes, entre l'autisme Asperger et les PN mais ne vont pas plus loin dans cette constatation. Pourtant, dans la petite enfance, ils ont été comme frères et sœurs, mais l'un sera élevé dans la haine et l'autre dans l'amour.

Mais pas toujours, un enfant pourra être PN et son frère ou sa sœur, hyper empathique avec les mêmes parents, car l'héritage transgénérationnel sera différent, il en sera de même pour des faux jumeaux. Ils pourront aussi être violentés à des degrés différents par le parent bourreau qui sait par instinct quel enfant ou quels enfants pourront poursuivre le massacre PN générationnel.

Attention, certains PN dits primaires (cf. Raven Kaldera) sont nés vampires dans l'incapacité de se régénérer naturellement comme les hypersensibles. Ils subiront une éducation par un entourage PN sans réel choc émotionnel et rempliront leur vide sidéral avec l'énergie des hypersensibles en la leur volant, car pour eux, c'est instinctif, un mode de survie primitif : ils volent l'énergie pour survivre et lorsqu'ils s'attaquent à l'énergie vitale de l'autre, ils provoquent une hémorragie invisible, bien réelle qui mène à la mort.

L'OSMOSE PN / HYPERSENSIBLE
AU DÉBUT DE LA RELATION

Le PN et l'hypersensible au début, ont l'impression de s'être toujours connus, d'avoir toujours vécu ensemble, c'est l'osmose totale. Comme un frère et une sœur, ils sont très fusionnels. L'attraction irrépressible est magnétique, comme si l'un était la moitié de l'autre.

La bienveillance prédomine chez l'un, la malveillance chez l'autre va s'installer lentement.

La montagne d'amour vient remplir, le vide abyssal. Il y a ce sentiment que rien ne pourra les séparer, les arrêter.

Tous les sens oubliés, sont réveillés par le magnétisme et la manipulation cérébrale.

L'amour qui est la plus haute fréquence vibratoire ne l'emporte pas sur cette force du mal, qui semble ne répondre qu'au diable, l'ange déchu par Dieu.

Plus la relation évolue et plus le PN devient jaloux de l'amour de l'autre.

Sa jalousie grandissante, démesurée vit pour tuer l'être d'Amour.

PN recherche l'Amour qu'il n'a pas eu dans l'enfance et qui l'a fait mourir à l'intérieur. L'Amour est une menace mortelle pour lui, il est à l'origine de sa mort psychique, alors il met en scène la ruse, intelligence primitive implacable pour détruire la plus haute fréquence vibratoire au monde : L'énergie D'Amour.

PN recherche l'Amour, prêt à faire le tour du monde pour le trouver, il le fait grandir pour finalement l'achever, pour ne pas mourir une 2e fois.

C'est une relation impossible qui semble éternelle mais qui mène à la mort de l'ange gardien, s'il n'abandonne pas la force du mal car elle est impitoyable, d'une cruauté inhumaine, à la fois invisible et indicible.

LA DUALITÉ

Fanny avait brûlé le manuscrit de DR JEKYLL & MR HYDE, la toute première version car elle n'était pas d'accord avec la dualité, elle insistait sur le fait, qu'en chaque être humain, il y a l'ombre et la lumière. Seulement chez le PN c'est 90% d'ombre et 10% de lumière !

C'est l'humain dans sa forme la plus primitive.

Il a appris à se comporter dans la vie sociale...

Cette remarque me rappelle... cet enfant autiste profond en vacances qui avait un visage d'ange. Il jouait dans un bac à sable public et se comportait méchamment et la mère n'intervenait pas. J'étais stupéfaite qu'elle le laisse faire et au moment où je me suis levée pour intervenir, l'enfant a baissé sa culotte devant tout le monde, a fait caca et s'est essuyé en se frottant les fesses sur le rondin de bois, comme un animal qui a des vers.

À aucun moment, je n'avais suspecté de l'autisme lourd. Heureusement que je ne suis pas intervenue et je plaignais profondément la maman. Si le PN n'était pas dans l'imitation, il ferait pareil. Il n'aime pas mettre de slip, pose ses fesses n'importe où et n'a absolument pas conscience du manque d'hygiène !!!

Le PN, c'est la partie brute, primitive de l'humain, c'est la noirceur, les ténèbres, la face obscure de l'humanité...

Je ne fais aucune différence entre eux et les nazis qui sont allés jusqu'à faire du savon avec la graisse humaine, des peignes pour mettre dans les cheveux des grandes dames avec les os et confectionner des abats jours avec la peau des victimes...Peut-être pour espérer ainsi voler la lumière des hypersensibles !!! Non ce n'est pas de cette manière que la lumière se gagne !!! De tels agissements innommables ne peuvent que permettre une entrée aux Enfers.

Dans Quora, je cherchais à répondre à une question sur les addictions du PN et comme d'habitude, je ne me mets aucune limite, mes recherches ouvrent n'importe quelle porte. J'étais athée en 2016 et j'ai été guidée vers le domaine religieux...

Je cherche des explications et pour moi la connaissance fait partie d'un grand tout sans aucune frontière, sans aucune limitation...contrairement à la science qui se limite en permanence dans ses recherches. Je tombe donc sur les 7 péchés capitaux.

Moi j'en ai 1 sur 7 : La gourmandise et le PN, il les a tous :

- Gourmandise

- Colère

- Luxure

- Orgueil

- Envie

- Paresse

- Avarice

Il fait sauter toutes les barrières sociales pour laisser libre cours à la partie animale qui sommeille en lui, qui prend une importance démesurée, il est toujours hors norme. Ce qui choque les victimes, c'est l'aspect primitif. C'est l'humain à l'état brut, à la cruauté illimitée...un être totalement déshumanisé.

LE MYTHE DE GOLEM

Le PN interrogé par le psychiatre en 2016, avait ajouté un dernier point. Il disait que ça lui faisait froid dans le dos... Et ça m'effrayait aussi. Il avait mis le doigt sur le mythe de Golem.

Dans mon premier livre LES ANGES BLANCS, Je m'étais penché sur la version mythique du Golem.

Golem signifie' Embryon' ' Informe 'ou ' Inachevé '. Un être artificiel, généralement humanoïde, fait d'argile, incapable de paroles et dépourvu de libre-arbitre, façonné afin d'assister ou défendre son créateur.

Le Mythe de Golem renvoie à la naissance de l'être humain. Il y a plus de 3000 ans avant notre ère : Le mythe de Prométhée modelant l'humain à partir d'argile...

Il y a ce terme Androïde qui revient fréquemment et qui me rappelle la mémoire du PN, si étrange, comparable à celle d'un robot.

Golem renvoie à la création du monde. Le Golem manque d'empathie, c'est un être artificiel, incomplet.

Comme c'est étrange, MARY SHELLEY, grande amie de ROBERT LOUIS STEVENSON, avec son DOCTEUR FRANKENSTEIN donne naissance à une forme de Golem en 1818. Elle a eu accès à des champs subtils, probablement à cause de la cocaïne, déjà très prisée à l'époque dans le monde artistique et les fêtes parisiennes et londoniennes.

Le nom de la kabbale revient fréquemment aussi...Les lois naturelles qui ont permis à Dieu de créer le monde.

Le Golem doit être imparfait car il ne peut pas égaler son créateur : Dieu.

Le Golem est devenu un homme pactisant avec le diable pour accéder au savoir divin.

Le PN a également cette envie de sauver le monde, d'être un super-héros, tout comme le Golem, Sauveur et Messie...

Il y a aussi cet ange déchu pour avoir osé se rebeller contre Dieu. Lucifer est le premier ange déchu et devient responsable de l'apparition du péché sur terre et le PN possèdent les 7 péchés capitaux... Il n'y a pas de hasard...Le PN est bien un ange noir auquel Dieu (ou une énergie spirituelle) a donné indirectement naissance en refusant à Lucifer de l'égaler.

Un psychologue parlait du PN comme de l'ange noir. C'est quoi l'ange noir ?

L'ange noir se caractérise par un besoin vital d'être aimé car incapable de s'aimer lui-même, une incapacité à aimer les autres, un égocentrisme profond et une totale absence d'empathie et de compassion (envers quiconque, même l'entourage le plus proche) Cf. Michel Naudet. 15 juin 2020, parle de souffrance inexplicable rationnellement pour les victimes des anges noirs. L'enjôleur / L'enjôleuse, se présente sous les traits d'un ange blanc : charmant(e), timide, fragile...il a l'innocence et la spontanéité d'un enfant. On a d'emblée envie de le protéger, de lui apporter notre soutien et notre aide. Il ne demande rien, il n'ira pas vers sa victime, il va la manipuler avec une grande habileté et c'est la victime qui viendra à lui, poussée par une force magnétique, maléfique. L'ange va s'installer dans son esprit au point de devenir obsessionnel.

Elle ne pourra plus l'en faire sortir.

Et c'est ainsi que la mâchoire du piège invisible se referme tout doucement sans que personne ne le remarque.

Aujourd'hui, il est criminel de la part des 3 pouvoirs :

Juridique, Religieux, Politique sur le plan international de fermer les yeux en ne reconnaissant pas la pathologie comme une maladie psychiatrique à part entière.

Des lois doivent être votées en conséquence.

La technique de la photo Kirlian doit largement se répandre dans les hôpitaux et cliniques pour observer les énergies dans les traitements des maladies au sens large et avant de relâcher un PN dans la nature après une incarcération ou un séjour en psychiatrie. L'information concernant cette pathologie doit inonder le monde.... La connaissance mettra un terme à ce massacre international.

Lucia, mon professeur de yoga, elle est la personne qui m'a permis de toucher l'Aura et d'apprendre à me connaître.

Souvent, elle nous parlait des textes originels. : les Védas où tout était déjà écrit. Les neurosciences ne faisaient que découvrir ce qui l'avait déjà été, il y a des millénaires. Maintenant je comprends : l'histoire se répète vraiment.

En effet, le Golem d'hier est le vampire d'aujourd'hui et l'androïde de demain, né de la main de l'homme pour détruire son créateur. Cette constatation confirme que l'être déshumanisé est réellement présent au 3e Millénaire pour anéantir toute vie terrestre et au-delà car certains ont bien commencé à s'approprier le ciel et le polluer.

Les 3 psychopathes qui se sont acharnés sur Robert Louis Stevenson connaissaient le fonctionnement du cerveau par cœur par la transmission transgénérationnelle, pour rendre fou Louis qui était un hypersensible, un pense trop, un autiste

Asperger, doué d'une grande intelligence. Derrière ses mots, Julian Bukits a découvert la vraie vie de la capitale d'Écosse, où il ne faisait pas si bon vivre au 19e siècle.

Quant à moi j'ai identifié les 3 meurtriers qui ont isolés, censurés, harcelés, persécutés, vidés Louis de toute énergie, de toute essence.

Malgré la censure de son père et des 3 vampires comme tout autiste Asperger, R.L.S a caché dans ses œuvres, les horreurs qu'ils vivaient car c'était viscéral pour lui qu'un jour la vérité puisse éclater. Et si elle jaillit aujourd'hui, c'est qu'il est grand temps que nous ayons accès à cette connaissance.

Il a perdu la vie comme tant d'autres victimes hier et aujourd'hui, certains ont tué leurs bourreaux et sont en prison, condamnés par la justice des hommes. Nous devons unir nos forces, pour sauver toute vie terrestre et stopper cette machine infernale. J'achève cet ouvrage avec deux citations d'Albert Einstein proche de celle qui a ouvert mon premier livre :

LES ANGES BLANCS.

« Le monde est dangereux à vivre, non pas tant à cause de ceux qui font le mal, mais à cause de ceux qui regardent et laissent faire. »

A.Einstein

Intervenez ! Ne laissez plus la violence verbale insidieuse prendre le pouvoir, ce n'est pas de la maladresse, elle est calculée pour abîmer le cerveau. Ne tolérez aucune violence physique non plus. Elle est inacceptable, en public, en privé, c'est STOP !

Ne laissez personne vous priver de votre liberté, même s'ils sont nombreux à vouloir agir en ce sens, au nom de la République !!!!

"Ne fais jamais rien contre ta conscience, même si l'État te le demande."

A. Einstein

UN MONDE MENACÉ

« Notre monde est menacé par une crise dont l'ampleur semble échapper à ceux qui ont le pouvoir de prendre de grandes décisions pour le bien ou pour le mal.

La puissance déchaînée de l'homme a tout changé, sauf notre mode de pensée et nous glissons vers une catastrophe sans précédent. Une nouvelle façon de penser est essentielle si l'humanité peut vivre. Détourner cette menace est le problème le plus urgent de notre temps. »

Albert Einstein

Aujourd'hui, notre société met en valeur les mêmes obsessions que le PN utilise pour échapper à la réalité :

1- Gagner beaucoup d'argent.

2- Mettre en valeur son apparence physique (à n'importe quel prix... Avec mise en danger et intoxication...mutilation...)

3- Valoriser la force physique... (jusqu'à la prise d'hormones et de mise en danger de la santé humaine...)

Les compétences deviennent obsessionnelles pour beaucoup, de nos jours : il faut être encore reconnu pour sa supériorité et écraser l'autre par n'importe quel moyen !!!

De plus en plus de personnes comme le PN pour ne pas se confronter à elles-mêmes et être redevables de leurs actions, ont recours aux drogues, aux médicaments, sexe, alcool...

Alors que d'autres vont se tourner vers une nourriture et des activités saines pour nourrir le corps et l'esprit...

Attention, notre société va fabriquer d'autres monstres, si la nouvelle génération perd sa lucidité...

La tête dans le téléphone est une addiction inquiétante...

L'absence de communication verbale, articulée et authentique entre les humains va renforcer le pouvoir du pervers narcissique, Golem d'hier, Androïde de demain...

Automate à forme humaine incapable d'Amour...créé par l'homme pour dominer le monde...

BIBLIOGRAPHIE

- The Strange Case of Dr Jekyll and Mr Hyde. Robert Louis Stevenson.

- Le creux de la vague. Robert Louis Stevenson.

- Les pervers narcissiques. Paul Claude Racamier.

- Chakras et intelligences multiples. Patricia Chaibriant.

- Fanny Stevenson. Entre passion et Liberté. Alexandra Lapierre.

- Sur les pas de Robert Louis Stevenson. Anne Le Maître.

- Dis-moi où tu as mal je te dirai pourquoi. Michel Odoul.

- Une idée positive par jour. Janine Casevecchie.

- Histoires de vies. Messages du corps. Dr Olivier Soulier.

- Les signes de jour. Paule Boucher.

- Raconte-moi l'amour. Vanessa Desmarthon.

- 430 Pierres aux vertus thérapeutiques. Michel Gienger.

- Aïe mes aïeux. Anne Ancelin Schützenbergen.

- Études sur l'Étrange cas du Dr Jekyll et Mr Hyde. Joël Malrien.

- Les hallucinations télépathiques. Frederic Myers, Frank Podmore et Edmund Gurney.

- The Ethical Psychic Vampire. Raven Kaldera

- The life of Mrs Robert Louis Stevenson. Sanchez, Nellie Van De Grift.

- R.L.S en Californie. Catherine Osbourne.

- Vampirisme énergétique. Arnaud Thuly.

- Purifications. Principes et méthodes. Arnaud Thuly.

- Plantes et encens de purification. Arnaud Thuly.

- Quand j'étais quelqu'un d'autre. Stéphane Alix.

- La mort n'existe pas. Stéphane Alix.

- Sous les palmiers des îles du sud. Graham Balfour.

- Le stress c'est la vie ! Dr Soly Bensabat.

- La clé de votre énergie. Natacha Calestrémé.

- La médecine spirituelle. Dr Luc Bodin.

Louise Escampe sur QUORA (Eniroc) plateforme d'échanges, de partages...

INSTAGRAM : Louisescampe

FACEBOOK : Louise Escampe